TRATANDO CON CÓNYUGES Y NIÑOS DIFÍCILES

Cómo tratar con enojada, exigente y manipulador cónyuges y niños

Edición revisada

ROBERTA CAVA

Copyright © 2018 por Roberta Cava

Todos los derechos reservados. Ninguna parte de este trabajo cubierto por los derechos de autor aquí en adelante puede ser reproducida o utilizada en cualquier forma o por cualquier medio - gráfico, electrónico o mecánico, incluyendo fotocopia, grabación, grabación o almacenamiento de información y sistemas de recuperación - sin el permiso previo por escrito del editor.

Cava, Roberta

Tratando con Cónyuges y Niños Difíciles

Cómo tratar con enojado, exigente y manipulado cónyuges y niños

Edición revisada

Publicado por Cava Consulting

info@dealingwithdifficultpeople.info

www.dealingwithdifficultpeople.info

Biblioteca Nacional de Australia

Datos de catalogación en publicación:

ISBN: 978-0-6481522-1-7

LIBROS DE ROBERTA CAVA

No ficción

Tratando con gente difícil
(23 editoriales, en 17 idiomas)
Tratando con situaciones difíciles: en el trabajo y en la casa
Tratando con cónyuges y niños difíciles
Tratando con parientes difíciles y en leyes
Tratando con frente a la violencia doméstica y el abuso infantil
Tratando con intimidación en escolar
Lidiar con la intimidación en el lugar de trabajo
Intimidación en aldeas de retiro
Solo di no
Mantenga a nuestros niños seguros
¿Qué voy a hacer con el resto de mi vida?
Antes de atar el nudo
Cómo las mujeres pueden avanzar en los negocios
Habilidades de supervivencia para supervisores y gerentes
¡Recursos humanos en su mejor momento!
Políticas y procedimientos de recursos humanos
Manual del Empleado
Fácil de contratar, difícil de eliminar
Tiempo y estrés: hoy asesinos silenciosos
Toma el control de tu futuro - Haz que las cosas sucedan
¡El vientre ríe para todos! - Volúmenes 1 a 6
¡Sabiduría del mundo! ¡Cosas felices, tristes y sabias en la vida!

Ficción

Ese algo especial
Algo falta
Trilogía: La vida se complica
La vida continua
La vida se pone mejor

DEDICACIÓN

Dedicado a los participantes de mis seminarios:

- Tratando con gente difícil,
- Administrar el tiempo, el estrés y las personas difíciles; Y
- Manejo de manipuladores

quien amablemente transmiten sus ideas, para que otros puedan beneficiarse de su conocimiento.

EXPRESIONES DE GRATITUD

Mi gratitud se extiende a los miles de participantes en mis seminarios que aportaron ideas sobre cómo manejar a sus difíciles cónyuges y niños.

También agradezco sinceramente a la Asociación Canadiense de Salud Mental y a IOF Foresters, quien me permitió citar directamente su información.

Un agradecimiento especial a mi amigo en Canadá, Phil Sutton, quien mantuvo funcionando mi computadora al estar disponible en todo momento y a mis amigos que dieron su valiosa contribución a la sección de comunicación de hombres y mujeres.

Tratando con Cónyuges y Niños Difíciles

Tabla de contenido

Introducción — 1

Capítulo 1: Evaluar sus acciones — 3

Controla tu estado de ánimo
Manejando tus emociones
Cómo 'Mantenga la calma'
Utilizando la lógica y la emoción
Situaciones de muestra:
Tratando con la ira de los demás
Te permites aceptar la ira de los demás
Manejo de sentimientos de culpa
Te sientes culpable:
Manejo de sentimientos vengativos
Sentirse estresado
Sentirse deprimido
Usas frases como 'Si solo...' o 'Debería haber...'
Usando la lógica
Cómo reducir la frustración y la ira
Prueba de esfuerzo familiar de IOF Foresters
Crítica destructiva
La crítica constructiva
Manejando la crítica
NO es una mala palabra
Presiones familiares

Capítulo 2: Comunicación de hombres y mujeres — 25

Mensajes malentendidos
Estilos de escucha
Interrupciones
Uso del humor
Poder
Mensajes confusos

Amistad

Amistades masculinas
Amistades femeninas
Compartir pensamientos y sentimientos
Alcanzando la intimidad
Amor y sexo
Reacciones masculinas / femeninas a situaciones
Resolviendo conflictos

Capítulo 3: Habilidades de comunicación para tratar con personas difíciles — 41

Proceso de comunicación
Mismas palabras - Diferentes significados
Significado de las palabras - masculino / femenino
La habilidad de parafrasear
Uso de paráfrasis al instruir
Retención de información
La habilidad de la retroalimentación
Pautas para usar la retroalimentación
Pautas para recibir la realimentación
Proceso de retroalimentación
La retroalimentación pasos
La habilidad de escuchar
Escucha activa
¿Cómo calificas como oyente?
Cualidades de un buen oyente
Tartamudos
La habilidad de hablar
¿Cómo calificas como orador?

Capítulo 4: Comunicación no verbal — 59

Comunicación no verbal
El apretón de manos
Burbujas de espacio
Supremacía territorial
Contacto visual
Acostado
Qué hacer cuando su hijo miente
Sonriente
Hábitos
Toca o no toca
Argumentos
El uso de la intuición y las corazonadas

Capítulo 5: Problemas de matrimonio — 71

Consejería prematrimonial
Segundos matrimonios
Funciones de crianza de los hijos / hijos y cuidado en el hogar
Manteniendo los incendios en el hogar
Movimiento de mujeres
Maldito si lo hacen, maldito si no lo hacen
Movimiento de los hombres
Problemas spousales

Dos parejas de carrera
Peleas peligrosas
Disolver desacuerdos
Intercambio de quejas
Comportamiento de francotirador
Divorcio

Capítulo 6: Tratando con maridos difíciles   87

Padre posesivo
Problemas de conducción
El esposo no ayudará en casa
Olvidado o negligente
Demasiado afectuoso en público
La esposa es promovida
Comentarios sarcásticos
Abuso emocional
Esposo adicto al trabajo
Signos de adicción al trabajo
El esposo perdió su trabajo
Marido pierde el trabajo
Ronquidos

Capítulo 7: Tratando con difíciles esposas   101

Persistente
Dependiente
Problema de conducción
Problemas financieros
Robar del trabajo
Saboteador
Problema de fumar
Agotamiento
Problemas del corazón
La esposa tiene el síndrome premenstrual
Menopausia
Esposa acosada sexualmente en el trabajo
Utiliza demasiado el teléfono

Capítulo 8: Tratando con difíciles niños   113

Cortesía a otros
Mucho que hacer
Encontrar el cuidado infantil adecuado
Cintas negativas
Disciplina cuando está enojado
Nalgadas

Tocando niños
Enseñe a sus niños a negociar

Capítulo 9: Problemas con los niños   127

Niños bien educados
Hábitos nerviosos
Embarazo tardío
Terribles dos
Decisiones / decisiones
Berrinches
Niño hiperactivo
Cambio de comportamiento
Hacer frente a la intimidación
Niño Perdido
Niños inteligentes de la calle
Favoritismo
Tímida hija
Niño rechazado
Luchando niños
Manipulador de niños
Contando historias sobre otros
Acostado
Enfermedades falsas
Estereotipos sexuales
Problemas con la comida
Soñador
Fiestas de pijamas
Gemelos
Separación
Vacaciones de verano
Vacaciones escolares
Obesidad
Toque inapropiado
Muerte de una esposa
Muerte de un hermano

**Capítulo 10: Tratando con difíciles adolescentes y
          adultos jóvenes**   151

Confianza
Duro siendo un adolescente
Conferencias familiares
Adolescente desordenado
Adolescentes fuera de control
Pornografía

Los peligros de la pornografía
Trabajo en equipo
Tocando niños mayores y adolescentes

Capítulo 11: Problemas con adolescentes y jóvenes adultos 163

Problemas con adolescentes

Amigos agresivos
Mal uso o lenguaje abusivo
Hija quiere salir con chicos
Chico loco
Piensa que está enamorado
Adolescentes sexualmente activos
Enfermedad de transmisión sexual (ETS) y embarazo
Modales telefónicos
No responsable
Respetando la privacidad
Te sientes excluido
Perezoso
Baja autoestima
Pérdida del trabajo de los padres
Él quiere demasiado
Exámenes
Doble estándar

Problemas con jóvenes adultos y adolescentes

Ella no está lista para el sexo
No llame después de una fecha
Hijo no puede mantener un trabajo
Chauvinismo

Conclusión   183

¿Estás listo para tus cónyuges e hijos difíciles?

Tratando con cónyuges y niños difíciles

INTRODUCCIÓN

Esta publicación es una secuela de mi mejor vendido internacional Tratando personas difíciles que ha sido tan popular desde su lanzamiento en 1990 que ha tenido 23 editores, disponibles en 17 idiomas.

En lugar de guiar este libro hacia aquellos en la fuerza laboral, lo he inclinado hacia cónyuges e hijos que pueden ser molestos, furiosos, groseros, impacientes, emocionales, persistentes o simplemente agresivos.

Estas personas difíciles pueden tratar de manipularte para hacer cosas que no quieres hacer, evitar que hagas las cosas que quieres ellos para hacer, tratar de darte sentimientos negativos o hacerte perder la calma.

Este libro no es una cura y no soy presuntuoso para pensar que me tienen todas las respuestas. Sin embargo, obtendrá alternativas a la forma en que tu actualmente enfrentamos los problemas, y darte la opción de probar plan *"B"* y *"C"* cuando el plan *"A"* no funcione.

El objetivo principal de este libro es ayudarle a darse cuenta de que, aunque puede intentar cambiar el comportamiento de otra persona, en realidad, tienes poco control sobre las acciones de otros. Lo que *hacer* tener el control total de, es *su* reacción al comportamiento negativo de otra persona.

Lamentablemente la mayoría de nosotros está en piloto automático y reacciona del mismo modo negativo, a la misma clase de situaciones negativas, si de esa manera funcionó en el pasado o no. Esto conduce a sentimientos de frustración, impotencia y la creencia de que nuestra vida está fuera de control. Entonces, porque no nos sentimos que estamos en control de situaciones, nuestra autoestima se deteriora.

Muchos problemas graves surgen cuando los hombres y las mujeres tratan de comunicarse entre sí. Sus diferentes estilos de comunicación no son fácilmente comprendidos por el género opuesto, por lo que los malentendidos y la mala interpretación de los mensajes verbales y no verbales pueden ser la norma. He dedicado un capítulo completo a este problemático problema de comunicación.

¿Cómo sé que mis técnicas realmente funcionan? Más de 55,000 participantes (internacionalmente) que han asistido a mis seminarios sobre Tratando con personas difíciles, respaldan las técnicas descritas en este libro y las usan a menudo. Muchos se han tomado el tiempo de escribirme después de sus seminarios para ofrecer su sabiduría y me han dado consejos adicionales sobre cómo manejaron a sus cónyuges e hijos difíciles.

Aprenderás técnicas que te permitirán mantener la calma, tener una actitud más positiva y mantener tu bienestar emocional cuando te enfrentes a situaciones negativas en la vida. Su nivel de confianza aumentará y usted tendrá el control cuando trate con difíciles cónyuges y niños.

Capítulo 1

EVALUAR LAS ACCIONES

Controla tu estado de ánimo

Antes de que pueda enfrentar a familiares difíciles, es esencial que actúe en conjunto. ¿Podrían sus acciones o comportamiento ser un desencadenante del comportamiento difícil de la otra persona? ¿Podrías haber hecho o dicho algo que comenzó el encuentro difícil?

¿Eres una persona temperamental tú mismo? ¿Tiene cambios de humor que afectan el tipo de día que tiene? ¿Te sientes bien por una hora y te sientes deprimido al siguiente? Si generalmente eres una persona malhumorada, probablemente has permitido que el comportamiento y las acciones de otras personas afecten tu día.

Todos los días enfrentamos situaciones negativas que causan emociones negativas. Algunas emociones que comienzan nos hacen sentir:

¿Te sentiste enojado herir; culpable; rechazado; ansioso; nervioso; Deprimido; afligido; frustrado; preocupado; ignorado; aturdido; humillado; avergonzado; resentido; celoso; estúpido; inseguro; triste; indefenso; sin esperanza; víctima incómoda; vacilante; decepcionado; suspicaz; preocupado; avergonzado, molesto emocional; preocupado; agitado; arrepentido; insultado; obstaculizado; manipulado; confuso o restringido?

¡No es de extrañar que las personas se conviertan en seres con pensamientos negativos! La mayoría de nosotros reaccionamos ante situaciones que suceden a nuestro alrededor, ya sean buenas o malas. Por ejemplo, alguien te lanza un comentario enojado, un amigo hace un comentario doloroso o alguien intenta hacerte sentir culpable. ¿Puedes mantener el control sobre tus emociones y tus reacciones en esas circunstancias? ¿O reaccionas casi automáticamente ante los estímulos negativos de los demás y tomas represalias, te sientes herido o te sientes culpable?

Estoy seguro, estarás de acuerdo, son las pequeñas molestias que terminan arruinando tu día. Por lo tanto, si puede aprender a manejar las pequeñas molestias, tendrá más energía y resistencia para manejar las más grandes.

Si crees que las circunstancias externas te causan infelicidad y que no tienes control sobre esta infelicidad, estás equivocado. En realidad, las fuerzas y los eventos externos no pueden ser dañinos a menos que usted permita que lo afecten. La felicidad viene en gran parte de dentro de una persona. Si bien los eventos externos pueden irritarte o molestarte, aún tienes control sobre cómo respondes.

Tú pierdes una parte importante de su autoestima, si encuentra que otros deciden si tiene un día bueno o malo. ¿Cómo te sientes cuando enfrentas una situación negativa? ¿Qué le sucede a su nivel de autoestima cuando no tiene el control de las situaciones? ¿Permanece intacto o está magullado por las acciones negativas de la otra persona? Esto es lo que nos mantiene fuera de balance. Cuando nos sentimos en control de las situaciones, sentimos como si ambos pies estuvieran firmemente plantados en el suelo. Pero, si reaccionamos mal ante el comportamiento negativo de alguien, podemos encontrarnos perdiendo ese control.

Si no puede realizar un seguimiento de cómo reacciona cuando los demás se comportan mal, se lo debe a usted mismo para aprender cómo cambiar sus reacciones. Recuerde, usted decide si el comentario enojado de alguien debería molestarlo o no. Te permites sentirte herido cuando alguien es cruel contigo. Y elige sentirse culpable, ya sea que esté justificado o no.

¿Culpas a los demás por lo que sientes? Cuando haces comentarios como: *'Siempre me hace sentir tan inferior.'* O: *'Me enoja tanto cuando ella...'* O, nuestra propia conversación, dice: *'Me he equivocado de nuevo. ¿Qué tan tonto puedo ser? ¿Aprenderé alguna vez?'* Estás permitiendo que otros (y tú) arruinen tu día. Al permitirse sentirse mal acerca de las situaciones o asumir la culpa que no se merece, se está dando un mal día. Enfrentémoslo: no ganarás nada culpando a demás por lo que sientes.

¡Estoy seguro de que te has enfrentado a un día en el que todo parece ir mal! De hecho, me gustaría poder volver a la cama (¡y son solo las 10:00 a.m.)! Cómo reaccionas a estos tipos de días, a menudo determina el resultado. La mayoría de las personas responde diciendo, 'Oh chico. ¡Va a ser uno de esos días! Esperan que el resto del día sea terrible y, por supuesto, así es como se convierte. Se preparan para un mal día y son recompensados en consecuencia.

Si te encuentras frente al tipo de día en el que ocurren tres o cuatro situaciones negativas, habla contigo mismo. En lugar de decir *'¡Va a ser uno de esos días!'*, Di: *'Afortunadamente, todas las cosas malas han terminado.'* Lo que hace es decirte que el resto del día será mejor (porque todo lo malo ya ha sucedido). Intente cambiar su actitud de negativa a positiva cuando tenga un mal día y vea si su día no cambia.

Manejando tus emociones

Cuando otros se ponen furiosos, groseros, impacientes o enojados, es probable que se enfade usted mismo. El primer paso para mantener la calma es cambiar tu respuesta. Mi vida cambió cuando me di cuenta de que podía elegir cómo reaccionar ante situaciones difíciles. Podría tomar los malos sentimientos que otros me han impuesto o simplemente no tomarlos. Logré esto al evitar que mi mecanismo de defensa entrara en acción. Esta es la misma reacción defensiva que tuvieron los hombres de las cavernas y las mujeres de las cavernas. Se prepararon mental y físicamente para pararse y luchar contra el dinosaurio o correr como locos en la dirección opuesta.

Hoy, la misma reacción ocurre cuando enfrentamos situaciones peligrosas o negativas. Deténgase por un momento y pregúntese cómo reacciona mental y físicamente cuando alguien está enojado con usted, lo está lastimando con sus comentarios o está tratando de hacer que se sienta culpable por algo.

Más a menudo que no, su mecanismo de Defensa entra en acción y es probable que algunos de los siguiente lucha o vuelo síntomas tendrás:

* rápido pulso
* aumento de la transpiración
* golpeando el corazón
* la presión arterial se eleva
* más rápido de respiración
* tensado de los músculos de la pierna y el brazo
* estómago nervioso
* músculos del estómago apretado
* la cabeza y de estómago dolores
* pérdida o aumento de apetito
* la digestión se ralentiza
* erupciones y urticaria
* apretando de los dientes
* apretón de la quijada
* húmedo sensación
* extremidades frías
* cuerpo tiembla
* incapacidad para quedarse quieto
* furiosos pensamientos
* exceso de agarre emociones
* impaciencia
* se convierten en saltos
* emocional
* insomnio

El primer paso que tomé para volverme más inmune a las el comportamiento difícil de los demás fue saber cuándo se activó mi mecanismo de defensa. Reconocí que estaba mental y físicamente preparándome para defenderme. Mis reacciones fueron: mi corazón palpitaba, mis pensamientos corrían, sentía la sangre corriendo a mi cara y mis músculos se ponían rígidos (principalmente los músculos de mi estómago). ¿Tienes reacciones similares? Si no, ¿qué te sucede cuando sientes que tu mecanismo de defensa se activa?

Tan pronto como identifico esta reacción en mí mismo, me detengo (esto toma solo una fracción de segundo) y me pregunto si estoy reaccionando correctamente a la situación negativa. Nueve de cada diez veces, me doy cuenta de que estoy reaccionando demasiado o me estoy dejando sentir mal.

También reconozco que mi autoestima es menor cuando enfrento situaciones en las que no me siento "bajo control." Me sentía incompetente cuando estaba en medio de situaciones difíciles. Cuando aprendí a controlar mis reacciones, pude mantener un alto nivel de autoestima. Esto me permitió dirigir mi energía hacia un uso positivo en lugar de negativo. En lugar de huir, sentirme herido o defenderme, me enfrenté a la situación.

Cuando aprendí esta técnica simple, descubrí que tenía mucho más control sobre mis estados de ánimo cotidianos. Atrás quedaron los cambios de humor de montaña rusa del pasado. Otras personas no decidieron qué tipo de día tendría, ¡lo hice! Tú también puedes tener este control. La habilidad de dominar esta habilidad es más fácil de lo que crees. Todo lo que se necesita es practicar, ¡pero puedes hacerlo! Tan pronto como sienta la necesidad de defenderse, deténgase y practique mi técnica.

Si no apaga su mecanismo de defensa, permitirá que otros expresen sentimientos negativos. Si permites que entren sentimientos negativos, tienen que ser liberados de alguna manera. ¿Y cómo liberas estos sentimientos? Se los das a alguien o algo más. Gritas o eres desagradable con la siguiente persona que ves, patea al perro o tu tirar algo.

¿Suena familiar? ¿Por qué permites que otra persona active estos comportamientos? Recuerde, no puede controlar el comportamiento de otras personas, pero *puede* controlar cómo responde a su comportamiento. Al aceptar su ira, les has dado el control de los próximos minutos, horas o incluso días de tu vida. ¿Es esta persona digna de tener tanto control sobre tus emociones? En la mayoría de los casos, creo que tu decidirán un definitivo, *no*.

Por supuesto, habrá excepciones donde esta técnica no funcionará porque las situaciones son graves:

* Tener un accidente o está gravemente enfermo;
* Conseguir despedido de su trabajo injustamente; o
* Alguien que usted conoce está seriamente enfermo o moribundo.

Pero éstas son excepciones. Mayoría de Estados de ánimo cotidianos y las reacciones *puede* controlar.

Cómo 'Mantenga la calma'

Piense en una situación en la que un buen amigo obviamente está de mal humor. En lugar de tomarse el tiempo de asimilar este hecho y darse cuenta de que no será fácil hablar con él, tu sigue adelante. El responde negativamente y debido a sus acciones, tu permite que sus comentarios lo afecten tú y terminen con sentimientos heridos.

¿Por qué permitiste que esto sucediera? Más tarde, él es probable que se disculpen por su comportamiento. Anticípese a las respuestas de los demás y no los presione si el momento es incorrecto. No permita que los comentarios enojados de la persona lo afecten y déjeles agriar una buena relación.

Sin embargo, si esta persona está de mal humor la mayor parte del tiempo, no debería tener que 'caminar sobre los huevos' y observar cada palabra tu que diga al hablar con él. Si este es el caso, confronte a la persona y explique tu sentimiento sobre su comportamiento. Intente usar la técnica de retroalimentación (vea el Capítulo 3).

Mantener la calma cuando estás bajo presión requiere un esfuerzo concentrado. Si eres rápido para enojarte, concentra tus energías en detener tu mecanismo de defensa automático. En cambio, prueba las siguientes tácticas:

- Sintoniza tus sentimientos. Me siento triste... infeliz...

- Reduce o encuentra la causa de tus sentimientos. ¿La persona se retrajo de su palabra? ¿La persona decepcionó o rompió una confianza? Intente comprender por qué se siente enojado, triste, infeliz, temeroso, etc. ¿La persona lo acusó injustamente de algo que usted no hizo?

- Enfrenta tus sentimientos de forma realista y comparte tus sentimientos con la persona que te molestó. Comuníquese, no lo excluya ellos. Por ejemplo, diga: *'Cuando me gritas, no puedo responder de la manera que quiero.'*

- Ir a caminar. Use su adrenalina de manera efectiva al dirigir su energía hacia actividades constructivas. Determine por qué hizo o dijo lo que hizo. ¿Cómo debe lidiar con sus acciones? ¿Qué podrías decir o hacer para resolver el problema? Entonces hacerlo.

Utilizando la lógica y la emoción

Estas dos fuerzas - lógica y emoción, están trabajando a lo largo de nuestras vidas. A menudo están empujando y jalando en direcciones opuestas. Puede determinar la fuerza que prevalece así llevarse bien con otros y pueden afectar nuestro nivel de logro.

Como niños, recordamos sensación placer, felicidad, emoción, diversión y amor (emociones positivas). O recordamos sensación insegura e inferior si nos comparamos a otros. Se evaluaron todos cuidadosamente nuestros grados de la escuela, nuestra destreza en los deportes y nuestra apariencia física. Esto dio lugar a menudo a comportamientos negativos como pucheros, rabietas, gritando, discutiendo, maldecir, culpar a otros, difundir chismes, dando el tratamiento silencioso, mostrando celos o resentimiento. Estas negativas respuestas rara vez favorable reacciones.

Situaciones de muestra:

Aquí hay ejemplos de cómo podría estar yendo en 'piloto automático' cuando enfrenta situaciones negativas:

1. Tratando con la ira de los demás

Te permites aceptar la ira de los demás

a) **Por ejemplo:** desde que su hermano Lorne llegó a casa, ha estado despotricando acerca de teniendo problemas con el auto todo el día. Él te eligió para echarle la culpa de sus problemas.

'¡Todo es tu culpa! No mantienes adecuadamente el auto.'

Aunque compartas el uso del automóvil, sabes que esto no es cierto y él te culpa por algo que no es tu culpa. ¿Cuál es tu reacción natural e instintiva en este tipo de situaciones? ¿Es para gritarle el? ¿Es para poner tus defensas en alto y prepararte para tomar represalias con explicaciones sobre por qué esto no es tu culpa?

Recuerdas mis instrucciones de detenerte por una fracción de segundo para determinar si estás reaccionando razonablemente y te preguntas por qué tu mecanismo de defensa entró en acción. ¿Estaba Lorne realmente enojado contigo, o estaba enojado con la situación? Creo que estarás de acuerdo en que este último es el caso.

El probablemente solo necesite desahogar su ira y resulta que estás disponible como un receptáculo. En lugar de gastar sus esfuerzos para defenderse, concentre sus esfuerzos en encontrar qué hay detrás de la explosión.

Use la empatía: vea las cosas desde él perspectiva. Comience con, '¿Qué pasó hoy? ¿Por qué estás tan molesto? Escucha atentamente lo que dice, si continúa tratando de culparte,

Él dice: *'Nunca guardas el automóvil correctamente.'* Cuéntele lo que tu ha hecho para mantener el automóvil en funcionamiento y pregúntele: *'¿Qué crees que debería haber hecho para evitar que ocurra este problema?'*

b) **Ejemplo #2:** está conduciendo hacia su casa del trabajo, sintiéndose muy cansada después de un día estresante y está echando humo porque el tráfico está respaldado nuevamente. Parece que te pasas la mitad de la vida esperando en el tráfico para llegar a casa. Finalmente llegas a casa, pasas por la sala de estar más allá de tus hijos y cierras la puerta del dormitorio, permitiendo que la situación te moleste. Y no se detiene allí. ¿Qué pasó con tus dos hijos que estaban sentados en la sala viendo la televisión cuando pasaste? Ellos son probables que se pregunten qué hicieron para enojarte tanto. Esto los pone nerviosos, por lo que discuten entre ellos durante la cena. Puedes ver cómo tu mal humor tiene un efecto dominó en los demás.

Usted sabe que es probable que enfrente atascos de tráfico en el camino a casa; sucede tres veces de cada cinco, entonces, ¿por qué te has permitido enojarte tanto? Cuando conducía a su casa; tenía varias opciones que podrían eliminar su problema:

(i) Intente salir del trabajo media hora más tarde. Esto puede llevarte a casa diez minutos después, pero con mucha menos molestia.

(ii) Varíe sus horas de trabajo para detener la situación negativa que enfrenta.

(iii) Compre algunos DVD de música relajante y escúchelos mientras conduce a casa.

(iv) Permítase más tiempo para conducir a casa. Posiblemente las horas de su esposa difieran de las suyas y usted es responsable de comenzar la cena. Piense en soluciones alternativas para correr a casa todas las noches. Por ejemplo, ¿debería involucrar a sus dos hijos adolescentes para comenzar los preparativos de la cena?

2. *Manejo de sentimientos de culpa*

Tristemente, vivimos en una sociedad llena de culpabilidad donde permitimos que otros nos hagan sentir culpables y somos muy eficientes en darnos sentimientos de culpa también. Nos sentimos culpables si no podemos entender lo que dice alguien o nos sentimos culpables porque cometemos errores. Identifica cosas que has hecho en el pasado de las que no estás orgulloso. En lugar de deleitarse con la culpa, aprenda de la experiencia. Si se necesita una disculpa para eliminar la culpa, discúlpate.

Te arrojan la culpa, por lo que te permites sentirte culpable:

a) Nuestros padres a menudo son los que nos pueden dar los sentimientos más efectivos cargados de culpa. Reconoce cuando otros te manipulan tratando de hacerte sentir culpable. No puedes cambiar el pasado a pesar de cómo te sientes tú o ellos. Algunos padres tienen recuerdos largos y muestran eventos que sucedieron hace años. Acepte que tiene el derecho de elegir hacer o ser algo diferente de lo que otros pueden esperar o desear que tu sea.

Hacen comentarios como;

'Si me amaras más, vendrías a verme más a menudo.' O,

'¡No sé por qué no te convertiste en contable como tu papá!'

Cuando otros intenten hacerte sentir culpable, detente e identifica lo que ellos realmente significan el comentario. Analiza si hay verdad en el comentario, luego actúa en consecuencia. Para el padre que se quejó de que no te vieron con la suficiente frecuencia, respondes: *'Mamá, ¿por qué tratas de hacerme sentir culpable? Estoy haciendo lo mejor que puedo. Sabes que tengo un horario demasiado ocupado para verte más de una vez a la semana.'*

En el caso de su elección de carrera, *'¿Por qué intentas hacerme sentir culpable por mi elección de carrera? Tengo derecho a elegir mi propia profesión y no aprecio que intentes hacerme sentir culpable por mi elección.'*

Otro ejemplo: tus padres siguen insistiendo en que no hay otra profesión que valga la pena que la enfermería (cuando quieres ser un trabajador social). Es bueno tener la aprobación de sus padres, pero no a riesgo de su autoestima. Usted tiene el derecho de elegir cómo vive (siempre y cuando no esté violando las leyes de la tierra). Tú también debe estar preparado para asumir las consecuencias de su comportamiento y sus elecciones. Reconozca que otros (¿quizás sus hijos?) también tienen este derecho. No es justo forzar sus ideas sobre los demás tratando de hacer que la persona se sienta culpable.

Otros pueden tratar de transferirle la responsabilidad o tratar de obtener compasión de usted tratando de hacer que se sienta culpable. Ellos hacen comentarios como:

'Trabajo día y noche para llevar a casa mi cheque de pago y me recompensas con...'

'Estuve todo el día cocinando esta comida y solo te lleva tus quince minutos comerla. Lo menos que podrías hacer es ayudar a despejar la mesa.'

'Nunca me llamas más.'

'Son las 3:00 a.m. ¿Cómo estás tan tarde? ¿Quieres que tenga un ataque al corazón?'

'Si me amaras, lo harías...'

'¿Qué pensarán los vecinos?'

'¿Quieres que la abuela y el abuelo piensen que eres mal educado? Póngase a trabajar y escriba esas tarjetas de agradecimiento.'

'¿Cómo puedo creerte ahora, cuando me mentiste la última vez que hiciste esto?'

'¿Cómo puedes simplemente quedarte sentado mirando tu estúpido juego de fútbol cuando hay tanto por hacer por aquí?'

'Me quedé con tu madre por tu culpa.'

¿Cómo manejas a una persona que intenta hacerte sentir culpable? Primero, identifique si el comentarios o declaraciones son verdaderos. Si es así, trata el problema. Intenta establecer por qué están tratando de manipularte y qué esperan obtener al hacerlo. En el último ejemplo, el padre intentaba culpar a sus hijos porque se quedó en un matrimonio infeliz. Él dijo: 'Me quedé con tu madre por tu culpa.'

Un hijo manejó el intento de su padre de hacerlo sentir culpable al responder: 'Estás tratando de hacernos sentir responsables porque te quedaste con mamá. ¿Por qué siente que fuimos responsables de esa decisión?'

El padre respondió con explicaciones sobre por qué se quedó. El hijo repitió su comentario, '¿Por qué crees que fuimos responsables de tu decisión?' El padre finalmente tuvo que admitir que tenía que asumir la plena responsabilidad de sus acciones, no los hijos.

b) Otro ejemplo es: una vecina que se queda en casa le preguntó a Audra, madre soltera: '¿Por qué no te quedas en casa con tus hijos?'

Audra, '¿Crees que sería una mejor madre si me quedaba en casa con mis hijos y entraba a la asistencia social en lugar de ir a trabajar para mantener a mi familia?'

'No realmente, pero sigo creyendo que tus hijos necesitan que estés ahí para ellos.'

'Eso no sería práctico en mi caso. No puedo evitar preguntarme por qué estás tratando de hacerme sentir culpable por mi decisión de volver al trabajo.'

c) Otro ejemplo: trabajaste muy duro pintando el baño y estás muy orgulloso de tu logro. Esperas pacientemente por el reconocimiento de los miembros de tu familia. ¿Es probable que llegue el reconocimiento? Por lo general, no lo es. Lo que es más probable que escuches es una pequeña porción de la tarea que hiciste incorrectamente. *'Te perdiste este lugar.'* O bien, *'La pintura goteó aquí.'*

Desafortunadamente, si alguien te critica, puedes aceptar sus comentarios automáticamente sin cuestionarlos. Esto le da al crítico, el control sobre cómo tú se siente consigo mismo. Obviamente, esto puede afectar seriamente su nivel de confianza en sí mismo. Entonces puede tener la sensación de que hizo un mal trabajo y aceptar los sentimientos de culpa que acompañan a la crítica.

Aprenda a evaluar la relevancia de los comentarios de otras personas. ¿Están justificados estos sentimientos de culpa? ¿Podrías estar respondiendo negativamente porque esa es la forma en que siempre respondiste en el pasado? Reevaluar la situación. ¿Qué tipo de trabajo crees que hiciste? ¿Estabas originalmente contento? ¿Por qué no estás satisfecho ahora? No cuentes con otros para dar reconocimiento.

Nunca compita contra el récord de otra persona. Solo trabaje para mejorar su registro de logros. La persona que deberías tratar de complacer eres tú. La mayoría de nosotros establece altos estándares para nosotros mismos. Cuando sienta que lo empujan psicológicamente, explíquele cómo se siente (sin disculparse). El hecho de que otros desaprueben lo que estás haciendo no tiene nada que ver con quién o qué eres. Usted no es responsable de la felicidad de los demás: esa es ellos responsabilidad. Usted es responsable solo de sus propias emociones.

Te sientes culpable:

Como si las críticas de los demás no fueran lo suficientemente malas, parece que todos tenemos un pequeño elfo dentro de nosotros que adora criticarnos. Esta voz hace comentarios como: *'¡Cometiste un error otra vez! ¿No puedes hacer nada bien?'* Siempre que hayas hecho tu mejor esfuerzo; eso es todo lo que puedes esperar de ti mismo. Por alguna razón, la sociedad nos ha enseñado a sentirnos culpables si cometemos errores. Si cometió un error, reconozca que es solo eso, un error, y simplemente no lo vuelva a hacer.

Los errores son para aprender y no deben hacernos sentir como si fuéramos fracasos. Deja de ser hipercrítico y comienza a darte refuerzo positivo. Si has hecho un buen trabajo, date una palmada mental en la espalda con pensamientos como: *'Estoy realmente orgulloso de lo bien que pinté esa habitación.'*

3. Manejo de sentimientos vengativos

Piensa en un momento en el que alguien te *"hizo mal"*. ¿Lloró y echó despotricar jurando hacerles pagar por sus fechorías? ¿Cuánto tiempo te tomó planear tu venganza y seguirla hasta su finalización? ¿Pasaste años planeando venganza por una maldad percibida y eso odio eclipsa casi todo lo demás en tu vida?

Un buen ejemplo es un cónyuge divorciado que dice: "¡Voy a devolverle el dinero por lo que me ha hecho!". Estas personas tienen dificultades para seguir con sus vidas porque están tan atrapadas en sus vengativos pensamientos. Algunos pierden preciosos años y relaciones personales futuras en lugar de seguir con sus vidas.

Retroceda de la situación por un momento y analice lo que realmente sucedió. ¿Quién tenía control sobre el tiempo, las emociones y la energía de la persona mientras planeaban su venganza? ¡En realidad, *centrándose en la venganza, los ata al malhechor, en lugar de permitirles seguir con sus vidas!*

Si te encuentras con sentimientos vengativos y puedes lidiar con el problema de inmediato, hazlo por todos los medios. Pero si no puede tratar con el malhechor de inmediato, abandone el problema y no permita que los pensamientos de *"vengarse"* entren en su mente. Recuérdate a ti mismo que, mientras estés pensando en los actos negativos de la otra persona, aún le estás dando el control de tu vida. ¿Es esa persona digna de tener este tipo de impacto en tu vida? ¡Lo dudo!

También descubrí que, si lo ***dejas ir*** y observas, encontrarás que *'lo que se da la vuelta da vueltas'* y la persona recibe un reembolso por su error sin tu que tengas que desperdiciar tu valiosa energía.

4. Sentirse estresado

Podemos sentirnos estresados cuando enfrentamos una sobrecarga de trabajo. Si no podemos administrar nuestro tiempo adecuadamente, nos hace más estresados. Mientras más enfatizamos, más problemas enfrentamos con nuestra gente difícil y situaciones difíciles.

Si este es su problema, elimine parte de su estrés. Tome un curso de administración del tiempo o lea libros de administración del tiempo para ayudarlo a elegir las prioridades. Pase tiempo con sus prioridades. Compile las listas de tareas pendientes, para que sepa exactamente cuántas tareas puede completar en un día. Esto le permite concentrarse completamente en la tarea que está completando en este momento en lugar de concentrándose en a aquellos que espera completar más adelante.

5. Sentirse deprimido

Normalmente, algunas pérdidas importantes desencadenan la depresión. Puede sentirse abatido cuando pierde elementos de valor, amigos, salud, promociones, ingresos y valor como ser humano. A medida que madure, perderá muchos artículos de valor: empleos, ingresos, prestigio, amigos y salud. Es posible que se encuentre en una situación hogareña que no sea adecuada. Tu depresión en realidad puede ser enojo, te vuelves contra ti mismo porque puedes sentirte incapaz de hacer algo para cambiar tu situación.

O bien, puede permitirse sentirse deprimido por ninguna otra razón, excepto que es lunes por la mañana. Te encuentras con energía el viernes por la tarde, pero te sientes deprimido el lunes por la mañana. Es posible que seas una de las ocho de cada diez personas que tienen un tipo de empleo incorrecto. Estas estadísticas pueden parecer altas, pero si realiza su propia encuesta, es probable que confirme que es cierta.

Pregúnteles a las personas si sienten que están en el trabajo correcto para ellos o si existe otro trabajo que preferirían estar haciendo. Hágase esa pregunta también. Si dijiste que estás en el trabajo equivocado, es posible que tengas que encontrar un empleo más adecuado. Después de todo, es probable que pase aproximadamente diez horas al día, cinco días a la semana preparándose para viajar o trabajar en su trabajo. ¿No vale la pena el esfuerzo averiguar en qué tipo el trabajo te haría feliz? ¿O es más fácil permanecer en la rutina? Tener control sobre tu vida es una necesidad para la felicidad de por vida. Permítete ese control y te permitirás tener una vida más feliz, más saludable y más positiva.

6. Usas frases como 'Si solo... o' Debería haber... '

Hay muchas frases de escape que puede usar para vincularse con el pasado. ¿Te encuentras usando frases como:

- *'Si solo fuera más joven, más delgado, más atractivo...'*
- *'Debería haber hecho esto hace años.'*
- *'Debería haber sido más cuidadoso.'*
- *'Se asumió que...'*
- *'Yo debo a...'*
- *'Tengo que...'*
- *'Necesito que...'*
- *'Estoy tratando de...'*
- *'Si quieres que yo...'*
- *'Ella me hizo...'*
- *'Tu siempre...'*
- *'Tu nunca...'*
- *'Soy así porque...'*

- 'No puedo cambiar la forma en que soy porque...'
- 'El problema con...'
- 'No puedo...'

Siempre que sea posible, elimine estas frases de su vocabulario a menos que esté dispuesto a hacer algo constructivo con respecto a sus comentarios.

Usando la lógica

Es fácil responder a situaciones con emociones en lugar de lógicas, pero al responder de manera lógica, puede evitar una reacción exagerada. Logre esto mediante el análisis de situaciones para determinar si está reaccionando correctamente.

Esto no vendrá automáticamente Se requiere un esfuerzo duro y enfocado. Practica esta habilidad hasta que respondas automáticamente de la manera que quieras. Puede que regrese a sus antiguas formas defensivas o de represalia, pero continúe. Si se da cuenta de que todavía molesto por algo y es diez minutos después de la situación negativa, no es demasiado tarde para descartar los sentimientos negativos.

Recuerda que *eliges*:

- Permita que otros le den sentimientos heridos o ira;
- Déjate enfadar porque alguien le hace mella en la puerta de su automóvil o tú se queda atascado en el tráfico;
- Sentirse culpable cuando no puede complacer a los demás o porque cometió un error;
- Dedique su valioso tiempo a acciones vengativas;
- Se siente estresado cuando enfrenta una sobrecarga de trabajo;
- Se siente deprimido solo por el lunes por la mañana; o
- Vive en el pasado, usando frases como 'Si solo...' y 'Debería haber...'

Si siente alguno de estos sentimientos negativos, deténgase y hágase estas preguntas:

1. ¿Estoy reaccionando apropiadamente a esta situación?

2. ¿Debería realmente tener estos sentimientos negativos?

3. ¿Podría me estar sobre reaccionando?

Si alguno de estos es el caso, deténgase y jure que no permitirá que estos sentimientos negativos afecten los próximos minutos, horas, días o semanas de su vida.

Cómo reducir la frustración y la ira

Todos nos sentimos enojados y molestos a veces. Esto puede ocurrir cuando tenemos una necesidad y algo (una barricada o bloqueo) nos impide satisfacer esa necesidad. Es probable que empecemos sintiéndonos frustrados. Mientras más tiempo permanezca el bloque, más frustrados nos podremos sentir y eventualmente el bloqueo puede llevar a la ira. Estas dos fuertes emociones negativas pueden suceder casi simultáneamente.

Tengo una Necesidad

Hay un bloque

Necesito la satisfacción de esa necesidad

Cada vez que te encuentres con una situación en la que no puedes obtener lo que quieres o ver a otros que están frustrados, toma tiempo para identificar el *"bloqueo"*. Luego, determine cómo puede eliminar el bloque que satisfará la necesidad.

Manejo del estrés

¿Sientes deseos de mudarte a una isla desierta cuando tus frustraciones se vuelven abrumadoras? Si considera que su vida es demasiado estresante, el siguiente ejercicio puede ayudarlo a retomar el rumbo. Es especialmente útil si encuentra que tiene más preocupaciones de las que puede manejar o si sus niveles de frustración y enojo están en el punto de ebullición. Date al menos una o dos horas para hacer este ejercicio correctamente. Escribe cosas, no solo atravieses el proceso mental.

Para lograr esto:

1. Escribe todas las situaciones que te causan frustración, preocupación o enojo. Estos podrían ser en su vida personal, comercial y social. *¡Se específico!*

    Luego determine si:

    (a) Usted tiene el poder de cambiar la situación; puede hacer algo para eliminar el problema. Pon la palabra Do al lado de la situación.

    > Por ejemplo, *'Me preocupa mi hija. Ella está en la guardería y cuando la recojo en la noche, todos los niños en el centro son exigentes, llorando y difíciles de manejar.'*

    > Usted tiene el poder de cambiar esta situación al ubicarla en otro centro de atención diurna más adecuado.

    (b) Usted no tiene el poder de cambiar la situación. Está fuera de tu control, no hay nada que puedas hacer sobre la situación. Pon la palabra Do no al lado de la situación.

    > Por ejemplo, *'Me preocupa mi hijo. Está en segundo grado y me preocupa que pueda lastimarse en la escuela al caerse por las escaleras o ser golpeado por una pelota de béisbol.'*

Usted realmente no tiene control sobre los accidentes que tu hijo pueda tener en la escuela o cuando está lejos de usted.

Nota: la mayoría de las situaciones *'Si solo...'* y *'Debería haber...'* entran dentro de esta categoría.

2. Haz una lista de los elementos sobre los que no tienes el poder para hacer algo y compromételos con la memoria. Luego comprométase a no desperdiciar su valiosa energía y tiempo pensando en los problemas nuevamente. Si te encuentras viviendo una y otra vez en situaciones negativas que sucedieron en el pasado o en situaciones en las que no tienes el poder de cambiar, prueba esta táctica. Coloque una banda elástica suelta alrededor de su muñeca y chasquea (¡ay!) cada vez que se atrape tú mismo reflexionando sobre estos pensamientos. Pronto, este doloroso recordatorio te permitirá canalizar tu energía hacia ideas más positivas.

Si tiene el poder de cambiar la situación, ¿qué piensa hacer al respecto? (¿O simplemente se va a quejar de la situación a otros?) Establezca metas concretas y escritas sobre lo que puede hacer y haga un seguimiento de su plan. Algunas situaciones pueden tener que "mantener" hasta que el momento sea el correcto, pero establecer algunos objetivos para cuando el momento sea el correcto.

Estos cuatro pasos ponen en práctica la Oración de la Serenidad (escrita por Reinhold Niebuhr):

'Dios dame la serenidad para aceptar las cosas que no puedo cambiar, el coraje para cambiar las cosas que puedo y la sabiduría para saber la diferencia.'

Tengo una vida muy ocupada y estresante y encuentro que a veces, la vida se pone muy dura. Descubrí que el proceso que acabo de identificar funciona bien para mí. Completado una o dos veces al año (o siempre que sea necesario), este proceso reduce mi nivel de estrés a la mitad y, a veces, más.

Cuando llegue al paso dos, normalmente puedo descartar un tercio de los problemas por los que me he estado preocupando. Luego concentro mis esfuerzos en cambiar las situaciones sobre las que tengo control y canalizo mi energía hacia la eliminación de muchas de mis preocupaciones, frustraciones e ira.

Los beneficios de hacer lo anterior son:
- Descartaré muchas preocupaciones innecesarias, frustraciones e ira,
- Ponga algunos en *"espera"*, y
- Dibujar un curso de acción para ayudar a resolver los problemas restantes.

Prueba de esfuerzo familiar de IOF Foresters

La siguiente información fue proporcionada por IOF Foresters de Don Mills, Ontario, Canadá:

El estrés en el hogar se está convirtiendo en una preocupación creciente. Los estudios han demostrado repetidamente que el estrés elevado puede conducir directamente a enfermedades personales, ruptura de relaciones y violencia familiar. Desafortunadamente, el estrés sigue siendo prácticamente imposible de eliminar.

El secreto, dicen los médicos, es reconocer la acumulación de estrés temprano, y aprender a manejarlo de manera constructiva.

Instrucciones:

Escriba un número a la izquierda de cada declaración a continuación, en función de esta escala:

¿En qué medida es cada declaración similar o diferente a su familia?

Mucho A diferencia (números bajos)
Muy similar (números altos)
1 2 3 4 5 6 7 8 9 10

Ingrese un *número* a la izquierda de cada declaración. Asegúrese de usar números *bajos* para describir declaraciones que son diferentes de su familia y números *altos* para describir declaraciones como su familia:

1. Hay bastantes cosas de las que no hablamos en nuestra familia.
2. Nuestra familia toma mucho tiempo para adaptarse cuando ocurren problemas o grandes cambios.
3. Los argumentos a veces suceden sin una buena razón en nuestra familia.
4. Cuando alguien en nuestra familia se enoja, parece durar mucho tiempo.
5. A veces es difícil resolver los desacuerdos familiares porque nadie se comprometerá.
6. Nuestra familia podría estar mejor si el alcohol se usara más sabiamente.
7. Cuando se trata del tiempo de ocio familiar, es difícil encontrar algo que todos quieran hacer juntos.
8. Los ánimos pueden recrudecer fácilmente en nuestra familia.
9. Algunas veces en nuestra familia, las personas pueden estar de acuerdo con algo y luego actuar como si realmente no lo tuvieran en cuenta.

10. Cuando tenemos argumentos familiares, parece que alguien trata de ganar en forma de todo o nada.
11. Las personas tardan mucho tiempo en superar peleas o desacuerdos en nuestra familia.
12. Muy a menudo los niños de mi familia parecen tener más influencia sobre lo que sucede que sus padres.
13. Mi (s) hijo (s) no me muestran a mí (ni a mi esposo (a)) la cantidad apropiada de respeto.
14. En nuestra familia, hay muchas reglas estrictas sobre cómo se deben hacer las cosas.
15. Mi (s) hijo (s) a menudo se aprovechan cuando trato de ser tranquilo con ellos.
16. Las personas de nuestra familia no parecen hacer su parte de las tareas domésticas sin muchos recordatorios.
17. No mostramos abiertamente aprecio mutuo muy a menudo en nuestra familia.
18. Antes de que te des cuenta, un pequeño desacuerdo puede ser desproporcionado en nuestra familia.
19. A veces las personas en nuestra familia escuchan, pero realmente no escuchan lo que otro miembro de la familia está tratando de decir.
20. Algunas veces en nuestra familia, hablar de un problema simplemente empeora las cosas.
21. Si tratamos de entendernos mejor, podríamos ser más felices en nuestra familia.
22. A veces es difícil saber qué otros miembros de la familia están pensando o sintiendo acerca de asuntos familiares importantes.
23. A veces, cuando llegamos a una decisión familiar, tomamos la decisión de que nadie apoya mucho.
24. Los miembros de mi familia se estresan sin una buena razón.

Total:

Agregue los números que ha marcado junto a cada elemento para determinar su puntaje total. Luego vea dónde encaja su puntaje en el Termómetro de estrés familiar.

Zona fría: 24 - 72

Si su familia está en la zona *"fría"*, entonces su familia muestra menos signos de estrés que la mayoría. Desarrolle sus fortalezas (ítems donde obtuvo puntajes de 1 a 3) y si hay un ítem en el que anotó cinco o más, intente pensar en una o dos cosas que podría hacer para mejorar el puntaje de su familia.

Zona cálida: 73-108

Si su familia está en la zona *"cálida"*, su familia es casi tan estresante como la familia promedio. Cierta tensión es inevitable y no debería estar muy preocupado. En cambio, desarrolle sus puntos fuertes (ítems donde obtuvo una puntuación de 1-3). Además, elija artículos en los que anotó cinco o más y trate de pensar en una o dos cosas que podría hacer para mejorar el puntaje de su familia.

Zona caliente: 109-240

Si su familia está en la zona "caliente", su familia muestra más signos de estrés que la familia típica. Si su puntaje es "caluroso", pero por lo general es menos alto, concéntrese en volver a los tiempos "más fríos" lo antes posible. Desarrollar las fortalezas su familia tiene, y vea que puede hacer prácticamente para reducir uno o dos elementos de puntuación más altos de su familia.

CRÍTICA POSITIVA / NEGATIVA

Puedes responder negativamente a la crítica de alguien. La forma en que los demás te critican decide si una reacción positiva o negativa es el resultado. Hay dos formas básicas de criticar. Uno es constructivo y tiene resultados positivos. El otro es destructivo y generalmente desencadena el mecanismo de defensa de la persona.

Crítica destructiva

Aquí es donde otros te critican como persona, no como tu comportamiento. Esta crítica golpea tu núcleo interno y, a menudo, puede dañar tu sentimiento de autoestima.

Por ejemplo:

'¡Joan, deja de romper tu chicle! ¡Eres la persona más egoísta que conozco! ¡No te importa nada la gente que tiene que vivir contigo!'

Si fueras Joan, probablemente reaccionarías de forma defensiva (porque probablemente sintieras que fuiste atacado). Por lo tanto, es ella probable que su comportamiento negativo continúe.

La crítica constructiva

La crítica constructiva intenta corregir comportamiento. Esta forma de crítica constructiva se concentra en su comportamiento ofensivo, identifica los sentimientos de la persona ofendida y le da la oportunidad de corregir su comportamiento. Por ejemplo:

'Joan, estoy descubriendo que el crujir de tus encías me distrae de leer mi libro. ¿Te gustaría este rollo de menta en su lugar?'

El comportamiento que se está corrigiendo es: *'Estás el chicle.'* Es probable que Joan no siga haciendo este comportamiento en el futuro. Tenga esto en cuenta cuando corrija a los demás. Concéntrese en su comportamiento, no en etiquetarlos como una persona. (Más sobre este tema en el Capítulo 8).

Manejando la crítica

Si eres el receptor de las críticas (ya sea constructivo o destructivo), es posible que aún tengas ganas de responder a la defensiva. Antes de permitir que su mecanismo de defensa se active, tenga en cuenta lo siguiente:

1. Controla tus pensamientos y comportamiento. Tenga en cuenta que puede haber algo de verdad en la crítica.
2. Si la crítica es válida, discúlpate. Deje que la persona sepa qué pasos tu tomará para corregir el comportamiento o problema. Esfuércese por no repetir esta falla o causar el problema en el futuro. Deja sentimientos de culpa detrás. No permita que la crítica lo abrume y afecte el resto de su día. En cambio, aprende de tus errores.
3. Cuando otros te critiquen, no sientas inmediatamente que debes tomar represalias. En cambio, escucha atentamente sus comentarios.
4. Pide detalles si la crítica es vaga. Por ejemplo, la persona dice: "No me gusta tu actitud". Esto es muy vago, así que pregúntale a la persona por detalles.

   Ten cuidado con tu tono de voz. No haga que sus comentarios sean acusatorios; de lo contrario, la persona se pondrá a la defensiva.

   '¿Qué pasa con mi actitud te preocupa?'

   'Bueno, hiciste algunos comentarios desagradables a Pat cuando ella nos visitó. Sé que no estás de acuerdo con todo lo que dice, pero creo que deberías ser cortés con ella porque ella es mi amiga.

   Ahora tienes algo específico que puedes discutir.

5. Confirme su comprensión del problema (usando parafraseo - vea el Capítulo 3).
6. No te metas en un caparazón cuando otros te critican por algo. A menudo establecemos este tipo de mecanismo de defensa en nosotros mismos. Si algo o alguien nos lastima (especialmente a alguien con quien estamos cerca) es probable que nos retiremos y "lamer nuestras heridas". Esto puede duplicar los efectos negativos del problema.

NO es una mala palabra

¿Te encuentras en problemas cuando otros te piden que hagas algo por ellos? ¿Quieres decir '¿No', pero terminas diciendo 'Sí' en su lugar? ¿Es posible que diga 'Sí' por alguna de las siguientes razones?

- ¿No quieres herir los sentimientos de alguien?
- ¿No quieres explicar por qué quieres decir que no?
- ¿No quiere decir algo que la otra persona podría interpretar como negativo?
- ¿Te sientes obligado a pasar tiempo con la persona porque no la has visto en meses?
- ¿La otra persona es particularmente importante para ti?
- Realmente le gustaría ayuda ellos, pero el momento es inapropiado.

Aprender cómo decir "No" cuando lo desee, depende de aumentar su:

- Respeto para mismo;
- Confianza en seguir sus estándares y decisiones;
- Comodidad sobre la satisfacción de sus necesidades personales;
- Reconocimiento de que no eres responsable de los sentimientos de los demás;
- Comprender que tu valor no depende de los juicios de otras personas;
- Confort y confianza cuando te agradas a ti mismo;
- Comprender que no puede complacer a todas las personas, todo el tiempo.

Si tiene problemas para decir 'No' a las solicitudes, cada paso adelante puede ayudarlo a aprender cuándo y cómo decir 'No' de manera cómoda y efectiva.

Pruebe lo siguiente:

Paso 1: identifica una situación en la que dijiste 'Sí' de manera inapropiada.

Paso 2: Identifique las razones por las que dijo 'Sí'. ¿Le preocupaba que tuviera que decir 'Sí', de lo contrario, ¿podría dañar la relación? ¿Estabas preocupado por los sentimientos de la otra persona?

Paso 3: prepárese para la próxima ocasión para evitar que la situación vuelva a suceder.

Paso 4: Practica tu nueva respuesta. Ensayar con una persona no involucrada puede ayudarlo a tener la confianza que necesita para llevar su plan.

Nota: siempre sepa lo que quiere, antes de decidir decir 'Sí'. No se deje sentir obligado a devolver un favor de un amigo. Deja de decir 'Sí' a las personas porque crees que 'No' dañará sus sentimientos.

Presiones familiares

La Asociación Canadiense de Salud Mental tuvo la amabilidad de dar permiso para incluir la siguiente información en esta publicación:

Hable al respecto:

Cuando algo te preocupa, hable al respecto. Siéntate con una persona sensata en quien confías; esposo o esposa, padre o madre, buen amigo, clérigo, médico de familia, maestro o consejero escolar. Hablar ayuda a aliviar la tensión y le permite ver el problema más claramente.

Escape por un tiempo:

A menudo ayuda a escapar del problema por un corto tiempo; perderte en una película o un libro, da un paseo en el país. Es realista escapar del castigo el tiempo suficiente para recuperar el aliento y el equilibrio, pero prepárate para volver y abordar el problema cuando estés más tranquilo.

Libérate de tu enojo:

Si bien la ira puede darte un sentido temporal de rectitud o incluso poder, probablemente te deje sintiéndote tonto. Si tienes ganas de atacar, espera hasta mañana. Haga algo constructivo con esa energía reprimida: cavar el jardín, limpie el garaje, juegue tenis o dé un largo paseo. Un día o dos más tarde estará mejor preparado para enfrentar el problema.

Dar ocasionalmente:

Si te encuentras en peleas frecuentes y te sientes desafiado, recuerda que los niños frustrados se comportan de la misma manera. Defiéndete, pero hazlo con calma y recuerda que podrías estar equivocado. Incluso si tiene razón, es más fácil para su sistema ceder de vez en cuando. Aliviará un poco la tensión y tendrá una sensación de satisfacción.

Haz algo por los demás:

Si notas que te preocupas por ti mismo todo el tiempo, intenta hacer algo por otra persona. El vapor saldrá de tus preocupaciones y en su lugar, tendrás una buena sensación.

Tome una cosa a la vez:

Para las personas bajo estrés, una carga de trabajo ordinaria puede parecer insoportable. Las tareas son tan grandes que es doloroso abordar cualquier parte. Para resolver el problema, tome algunas de las tareas más urgentes y hágalo. Pon todo lo demás a un lado. Una vez que se completen, los demás no serán vistos como un *"desastre horrible"* y el resto del trabajo será más fácil.

Evité el rol de *"supe persona"*:

Algunas personas esperan demasiado de sí mismas; luchan por la perfección en todo lo que hacen. La frustración de la falla los deja ellos en un estado constante de preocupación y ansiedad. Así que, decide lo que haces bien y pon tu mayor esfuerzo en esta dirección. Estas son probablemente cosas que te gusta hacer, por lo tanto, las que te dan la mayor satisfacción. Entonces, quizás, aborde los que no puede hacer tan bien. Deles lo mejor, pero no se regañe si no logra lo imposible.

Vaya fácil con su crítica:

Esperar demasiado de los demás puede llevar a sentimientos de frustración y desilusión. Cada persona tiene sus propias virtudes, deficiencias y valores: su propio derecho a desarrollarse como individuo. En lugar de ser crítico, busque los puntos buenos del otro y ayúdelo a desarrollarlos. Esto le dará a ambos satisfacción y los ayudará a obtener una mejor perspectiva de ustedes mismos.

Dale a la otra persona un descanso:

Las personas bajo tensión emocional a menudo sienten que tienen que *"llegar primero"*, para superar a la otra persona. Puede ser algo tan común como conducir en carretera. La competencia es contagiosa, pero también lo es la cooperación. Cuando dar paso a otros, el a menudo haces las cosas más fáciles para ti y ellos dejan de ser una amenaza para ti.

Hazte *"disponible"*:

Muchos de nosotros tenemos la sensación de que estamos siendo dejados de lado, desairados, descuidados o rechazados. A menudo solo imaginamos que otras personas se sienten así por nosotros. Pueden estar esperando que hagamos el primer movimiento. En lugar de encogerse y retirarse, es mucho más saludable seguir *"disponible"*. Por supuesto, lo contrario, poniéndose delante de ellos en cada oportunidad, es igualmente inútil. Esto puede malinterpretarse y puede llevar a un rechazo real. Hay un término medio.

Programe su recreación:

Algunas personas conducen tan duro que no se permiten casi ningún tiempo para la recreación, un elemento esencial para una buena salud física y mental. Reserve horas definidas para pasatiempos o deportes que lo absorberán por completo tu; un tiempo para olvidarse de su trabajo y sus preocupaciones.

Capítulo 2

MACHO-HEMBRA
ESTILOS DE COMUNICACIÓN

Mensajes malentendidos

Desafortunadamente, el simple acto de comunicarse puede causar mensajes confusos o perdidos. Esto es especialmente cierto con la comunicación entre hombres y mujeres. No es sorprendente que haya conflicto, cuando los hombres y las mujeres interpretan la misma conversación de diferentes maneras. Esto se debe a sus diferentes estilos de conversación.

Muchos ejemplos dados en este capítulo estereotiparán respuestas masculinas / femeninas. Hay muchas excepciones a los ejemplos que he identificado. Analiza cómo te sientes o respondes a las situaciones. Compárelos con los descritos y decida si necesita cambiar algo en su comunicación para mejorar la compatibilidad.

A medida que las mujeres crecen, hablar es el hilo con el que tejen las relaciones. Desarrollan y mantienen amistades intercambiando secretos y consideran el hablar como la piedra angular de las amistades con hombres y mujeres. Cuando una mujer se casa, espera que su esposo se convierta en su mejor amigo.

Cuando las mujeres se reúnen, hablan sobre asuntos personales, situaciones que ocurren en el hogar y en el trabajo. Es más probable que los hombres hablen de deportes, política y otros temas, pero evite hablar sobre sus vidas personales. Los hombres, por lo tanto, son menos propensos a hacer preguntas personales. Creen que, si ella quiere decirle algo, ella se lo dirá. Los hombres no saben qué tipo de conversación quieren las mujeres y no se pierden las conversaciones cuando no están allí.

En la comunicación de mujer a hombre, la mujer hace la mayoría de las preguntas. Las mujeres ven las preguntas como una forma de continuar una conversación, mientras que los hombres las ven como una solicitud de información. Los hombres a menudo piensan que las preguntas muestran intrusión, mientras que las mujeres piensan que expresan interés e intimidad.

Los muchachos basan su amistad más en hacer actividades juntos y no necesitan hablar para establecer relaciones sólidas. Los hombres conversan para establecer su estado: las mujeres para crear una relación con los demás. Los hombres se sienten cómodos diciéndole a la gente qué hacer. A las mujeres no les gusta tirar de rango, así que pídalo, en lugar de exigirlo.

Por lo tanto, los hombres a menudo creen que tienen el derecho de aceptar o rechazar la solicitud de la mujer.

Por ejemplo: Marion era la presidenta del grupo de la PTA de su hijo y estaba a cargo de un proyecto para investigar el delito juvenil local. Ella necesitaba que Mark ayudara a Joe en una tarea, por lo que ella dijo: *'Parece que Joe podría usar tu ayuda.'*

Mark respondió: *'Tienes razón, parece que necesita ayuda.'*

Más tarde, ella se molestó cuando descubrió que Joe seguía luchando y supo que Mark no se había ofrecido a ayudar. Mark pensó que Marion solo estaba conversando, no pidiéndole que ayudara a Joe. Como tenía otras tareas más urgentes que hacer, no había pensado que ella comentario fuera importante.

Marion debería haber sido más clara en su comunicación con Mark. Ella había estado a cargo de las mujeres en el pasado y este estilo de gestión funcionó mejor con ellas. Ella no entendía que él requería un tipo diferente de dirección de ella. Ella debería haber dicho: *'Mark, Joe necesita ayuda, así que quiero que dejes lo que estás haciendo y lo ayudes con su parte del proyecto.'* Entonces Mark sabría que ella había priorizado el proyecto de Joe, por lo que inmediatamente habría ayudado a Joe.

Por otro lado, si se la considera demasiado autoritaria, a menudo se la etiqueta como *"agresiva"*. Desafortunadamente, cuando las mujeres no intentan complacer a los demás, su comportamiento hace que sus colegas, supervisores y amigos piensen que son demasiado agresivos. Esta fina línea es difícil de definir. Las mujeres continuarán luchando, hasta que más mujeres puedan decir lo que piensan sin comprometer ellos naturaleza básica.

Estilos de escucha

Las mujeres se miran directamente con la mirada fija en los rostros de los demás. Los chicos y los hombres se sientan en ángulos entre ellos y miran a otra parte de la habitación, intercambiando miradas periódicamente. A menudo reflejan los movimientos corporales de otros. La tendencia de los hombres a mirar hacia otro lado cuando hablan da a las mujeres la impresión de que los hombres no las escuchan, cuando de hecho lo están. Las únicas veces que los hombres realmente miran a un orador por un período de tiempo son;

a) Si están tratando de evaluar si el hablante está mintiendo o no;

b) El hablante parece hostil y puede verse obligado a tomar medidas defensivas; o

c) Están evaluando a una mujer atractiva.

En este último, mirarán por encima del cuerpo de la mujer mientras escuchan sus comentarios. Esto es muy molesto para la mujer que habla porque él ojos reflejan que él no está realmente escuchando lo que ella está diciendo, sino más bien midiéndola como una mujer.

Otro hábito que les da a las mujeres la impresión de que los hombres no están escuchando es que cambian de tema con más frecuencia. Las mujeres hablan extensamente sobre un tema: los hombres saltan de un tema a otro.

Cuando una mujer expresa su punto de vista, sus oyentes suelen expresar su acuerdo y apoyo. Las mujeres prefieren otros puntos de vista expresados como sugerencias y consultas en lugar de desafíos o argumentos directos.

Los hombres señalan el otro lado de la situación. Las mujeres ven esto como una deslealtad y una negativa a ofrecer apoyo para sus ideas. Los hombres se sienten más cómodos con un enfoque de oposición. Una discusión se convierte en un debate y una conversación puede convertirse en un deporte competitivo. Es más probable que los hombres se apeguen a hechos y opiniones. Esto llega a las mujeres como autoritarias, sin entender que ilustra la forma masculina de comunicación en lugar de una muestra de supremacía.

Las mujeres usan los pronombres *"usted"* y *"nosotros"* mucho más que los hombres y usan conexiones conversacionales como, *'Sí, pero...'* para reconocer un comentario anterior. Debido a que los hombres normalmente no usan este estilo, a menudo ignoran los comentarios de las mujeres.

Las mujeres (y algunos hombres) a menudo dicen que sus comentarios suenan como si fueran preguntas. *'La reunión fue a las tres...?'* Esta inflexión al final de una oración es una pregunta implícita y deja al oyente con la impresión de que no está segura de lo que está diciendo.

Otros oradores tímidos comienzan oraciones con, *'Probablemente no debería decir nada, pero...'* O, *'No sé lo que siente acerca de esto...'* O, *'Una sugerencia que me gustaría hacer...'* y *'Solo quería saber si...,'* que muestran debilidad.

Por ejemplo: una mujer en una reunión de la junta del club comunitario dijo: *'Ummm, me gustaría decir algo. Esto puede sonar tonto, es solo un pensamiento, pero tal vez antes de analizar las estrategias del programa, debemos descubrir nuestros objetivos. Quiero decir ... No sé lo que piensas, pero me parece lógico.'*

Los hombres en el comité ignoraron ella comentarios. En su próxima reunión, un miembro masculino sacó a relucir el mismo problema, que fue rápidamente aceptado y discutido extensamente. El estilo vacilante e incierto de la mujer, hizo que los hombres del grupo pensaran que ella ideas no importante, cuando de hecho lo estaban. Ella carecía de poder en su estilo de comunicación. Ella entrenamiento tradicional decía que siempre debía tratar de complacer a los demás y debía parecer que estaba de acuerdo con los valores y las opiniones de los demás.

Interrupciones

Los hombres son más propensos a interrumpir con comentarios del lado negativo. Por otro lado, es más probable que las mujeres terminen las oraciones del otro y se sientan muy cómodas con esto. Los hombres están en silencio o reaccionan a la defensiva cuando las mujeres hacen esto con ellos, porque sienten que la mujer está tratando de hacerse cargo de la conversación.

Uso del humor

A menudo, la división más amplia entre quién participa del chiste y quién queda fuera es entre hombres y mujeres. No necesariamente encuentran las mismas situaciones graciosas. Las mujeres a menudo se preguntan por qué los hombres no piensan que sus chistes son divertidos y otras veces se preguntan de qué se ríen los hombres.

Los niños pequeños disfrutan de un humor más hostil que las niñas. A una edad temprana, los niños eligen las caricaturas agresivas como las más divertidas. Incluso a la edad de tres años, los niños son más propensos que las chicas a actuar tontamente y hacer muecas. Practican esto el uno al otro a lo largo de sus vidas.

Las mujeres son más propensas a bromear sobre los poderosos, no sobre las lamentables; concéntrese en grandes asuntos y pregunte cómo está organizado el mundo. Tradicionalmente usan el humor autocrítico incluso si erosiona su autoestima. No es una amenaza para una mujer bromear, si solo está bromeando sobre ella o con otras mujeres. Sin embargo, si ella cuenta una broma sobre el poder masculino frente a un miembro de ese grupo, el hombre puede sentirse amenazado y ponerse a la defensiva.

El humor femenino muestra una negativa a tomarse la autoridad en serio y es menos probable que admiren a los supervisores que a los hombres. El humor de las mujeres dirige algunos de sus materiales más efectivos a los hombres, cuestionando su autoridad y mostrando una cierta cantidad de desdén. Las mujeres ven las *"reglas del juego"* en los negocios como juegos principalmente infantiles que solo los "niños" considerarían jugar. De esta manera, la comedia de mujeres puede ser más siniestra que la de los hombres.

Las mujeres son más propensas a consolar, en lugar de reírse de cualquiera que se considere una *"víctima"*. Esta es una de las razones por las que ciertas formas de comedia tipo slapstick atraen mucho menos a las mujeres que a los hombres. Los hombres son más propensos a usar comedias de payasadas (como los Tres Chiflados metiendo sus dedos en el ojo) que las mujeres descubren que no es nada divertido.

Es más probable que las mujeres evoquen una imagen que otros conocen bien, como, por ejemplo: *'¿Recuerdas lo que hizo Tim Allen en el Show de mejoras para el hogar...?'* Ella dice: *'Tengo una imagen en mi mente; ¿tienes la misma imagen?'*

El humor de los hombres también se burla de las convenciones sociales y algunos acusan a las mujeres de no reírse de una buena broma. A menudo, lo que las mujeres están escuchando no es gracioso, sino más bien la hostilidad y el sarcasmo disfrazados de humor. Cuando se trata de humor, los hombres dan y las mujeres reciben la mayor parte del tiempo.

El humor de los hombres a menudo se relaciona con la sexualidad o las partes sexuales del sexo opuesto. Estos incluyen chistes obscenos u hostiles (con una intención de agresividad, sátira o defensa) bromas cínicas (críticas y blasfemas) y chistes escépticos. Estas bromas mencionan temas prohibidos, se involucran en conductas ofensivas o infantiles, se escapan de los límites del buen gusto y a menudo violan los tabúes morales. Este tipo de bromas tiene elementos hostiles (similares a los juegos bruscos de los jóvenes) que usan para desahogar la agresión. De esta manera, la comedia de hombres se siente más personal e insidiosa para las mujeres que perciben los golpes verbales como *"debajo del cinturón"* y no justas.

Poder

Los roles emocionales que hombres y mujeres desempeñan durante los argumentos se relacionan con el grado de poder que sienten dentro de una relación. Debido a que las mujeres a menudo se encuentran en un papel subordinado, caen en el hábito de contener la ira o expresarla de forma pasiva (como lloriquear, regañar o llorar). Las mujeres se sienten muy cómodas con la autorrevelación y la discusión de los sentimientos, y si estos no llegan de los hombres, se sienten alienados o rechazados.

Los hombres creen que los juegos de negocios, la política y el poder no son diferentes en las relaciones comerciales o personales. Para él, tratar de vencer a otra persona y defender su punto de vista lo más duro que puede, no significa que esté lastimando a alguien más personalmente: simplemente está jugando el juego.

En el matrimonio, cuando surge la fricción, muchas mujeres creen que el matrimonio **está** funcionando bien, siempre y cuando puedan discutir sus problemas (lo que ella siente que construye intimidad). Los hombres sienten que el matrimonio no está funcionando si constantemente tienen que hablar al respecto. Él preferiría encontrar una solución rápida y pasar a otra cosa.

Excelentes libros sobre este tema son, ***Usted simplemente no entiende: mujeres y hombres en conversación*** de Deborah Tannen y, ***La incompatibilidad de hombres y mujeres y cómo superarlo*** por Julius Fast.

Mensajes confusos

Aquí hay una situación de hogar que muestra lo que sucede a menudo durante la comunicación entre cónyuges:

Una pareja acaba de regresar de vacaciones y la esposa está luchando por ponerse al día con la ropa de la familia, ir de compras y limpiar. El esposo observa a su esposa luchando con esta sobrecarga de trabajo:

1. **Intención del esposo:** Quiere hacerle saber a su esposa que él reconoce y aprecia la carga extra ella que ha estado llevando.

    Él considera lo que podría hacer, comunicar cuánto la aprecia por trabajar tan duro:

    (a) Cómprale algunas flores.

    (b) Llévala a cenar.

    (c) Dile ella cómo el siente.

    (d) Sea más útil en casa.

2. **Acción del esposo:** Él decide (d) y pone una carga de ropa en la lavadora.

3. **Reacción de la esposa:** Ella lo ve haciendo la colada, no se da cuenta de las intenciones y tiene que decidir:

    (a) ¿La está criticando por no haber hecho la colada?

    (b) ¿Está el tratando de decirle ella que ella no debería pasar tanto tiempo hablando por teléfono?

    (c) ¿Está el tratando de ser útil?

    (d) ¿Se él siente culpable por algo?

4. **Efecto en la esposa:** Ella decide que él es (a) y se siente herida y humillada.

5. **Códigos de la esposa:** No voy a hacerle saber que sus acciones me han lastimado. Debo:

    (a) No digas nada.

    (b) Di *'Gracias.'*

6. **Acción de la esposa:** ella decide decir 'gracias'.

7. **Efecto en el esposo:** Ella entiende y aprecia lo que hice.

    Esta es una situación clásica donde la intención del esposo era positiva y afectuosa. Sin embargo, el efecto en su esposa fue el opuesto directo de su intención. Hubiera sido mucho mejor si él hubiera respaldado sus acciones con palabras como se muestra en (c) las intenciones del esposo. Usando comentarios verbales positivos, se habría asegurado de que su esposa sepa por qué la estaba ayudando.

AMISTAD

Parece haber una gran diferencia en los tipos de amistades que ocurren entre los hombres y los que ocurren entre las mujeres.

Amistades masculinas

La mayoría de las amistades masculinas giran en torno a actividades. Durante siglos, los hombres han tenido acceso a un sistema de amistades que las mujeres denominan la *"red de los viejos muchachos"*, donde se reunían en tabernas y clubes profesionales y sociales exclusivos (no se permiten mujeres). Los hombres rara vez trabajaban en equipos o en red con mujeres. En las últimas dos generaciones, todo esto ha cambiado. Los hombres en la era del baby-boom son menos autoritarios y más orientados al equipo hacia las mujeres en el lugar de trabajo.

¿Los hombres se benefician lo mismo que las mujeres del nuevo énfasis en las amistades fuera de la familia o del círculo de hombres? En una palabra, sí. Ahora es aceptable que tengan amigas cercanas. El mayor cambio en las amistades es que los hombres y las mujeres han aprendido a tener amistades platónicas sólidas y duraderas.

Amistades femeninas

A menudo, las mujeres recurren a sus amigas para obtener apoyo emocional. Encuentran que sus amistades con otras mujeres son las relaciones más íntimas, profundas y duraderas de sus vidas. Para muchas mujeres, estos vínculos son más fuertes que sus vínculos familiares o aquellos que comparten con sus maridos. Las mujeres ya no usan amigos como suplentes para la familia; en su lugar, los amigos se están convirtiendo en parte de una familia extensa. Inesperadamente, estas amistades resultan en matrimonios más fuertes, porque ya no se espera que los maridos satisfagan las necesidades emocionales de sus esposas exclusivamente.

Como dijo una mujer: *'Mi amiga Sally y yo nos remontamos a la infancia. Puedo decirle cualquier cosa y compartimos todos nuestros sentimientos. Nunca tendré ese tipo de intimidad con los hombres en mi vida porque simplemente no me permitirán acercarme lo suficiente para entender sus verdaderas emociones. No compartirán sus sentimientos más profundos conmigo.'*

Las amistades femeninas generalmente implican hablar de sentimientos y vidas personales. En los años 60, las mujeres llamaban a sus mejores amigas, sus *"novias"*. Después de desembolsar a sus maridos e hijos por la mañana, estas mujeres se reunieron en uno u otro hogar. Bebían café, cotilleaban, compartían recetas y secretos, cuidaban y confiaban el uno en el otro. Esto cesó en el momento en que sus maridos aparecieron en la escena. El hombre de la familia tuvo prioridad.

Hoy las mujeres se encuentran en diferentes circunstancias: en salas de conferencias y restaurantes. Hay menos tiempo para los intercambios de todos los días y los temas son diferentes. En lugar de discutir recetas, es más probable que debatan sobre alguna crisis profesional a la que se enfrentan y las ideas más recientes sobre comida rápida que pueden usar para preparar la cena. Debido a su tiempo limitado, cuando las mujeres se juntan, se enfocan en cuestiones esenciales. No hay suficiente tiempo para hablar y las conversaciones parecen tratar temas profundos y significativos.

¿Qué causó este cambio en las mujeres? Debido a que a menudo se alejan de sus grupos de apoyo de la infancia de hermanos y padres y se encuentran enfrentando problemas que sus padres y abuelos nunca han experimentado. Problemas, tales como:

- Cómo una mujer puede escalar la escalera corporativa;
- Lo que debe usar para verse exitosa;
- ¿Debería considerar una relación de ley común?
- ¿Qué pasa con el control de la natalidad y el aborto?
- Cómo manejar problemas familiares de dos ingresos;
- Cómo equilibrar el trabajo y las responsabilidades hogareñas.

todos se enfrentan a mujeres modernas en la fuerza de trabajo. Aquí es donde otras amigas brindan su opinión y experiencia. Las experiencias de las últimas dos generaciones han diferido tanto en tan poco tiempo, que las mujeres no pueden discutir sus problemas con sus padres. La mayoría necesita contemporáneos con conocimiento para ayudar a llenar este vacío.

Los factores que pueden tener un efecto negativo en las amistades, como casarse, tener un bebé o divorciarse, se superan más fácilmente cuando se han establecido vínculos fuertes de antemano. Las mujeres se encuentran con algunos de sus amigos más cercanos en el trabajo y mantienen estas amistades mucho después de que se mudaron a diferentes compañías o abandonaron la fuerza de trabajo.

Desafortunadamente, solo un tercio de los hombres (en comparación con las tres cuartas partes de las mujeres) dice tener un mejor amigo. Cuando los hombres dicen que tienen uno, su mejor amiga suele ser una mujer (principalmente esposas y novias). Por lo tanto, si un matrimonio o relación se rompe, estos hombres pierden no solo a sus parejas, sino también a sus mejores amigos. Si tanto los hombres como las mujeres no tienen una red sólida de amigos (tanto hombres como mujeres) que los ayuden a manejar los rigores diarios de la vida, es posible que sufran una gran crisis solo.

Compartir pensamientos y sentimientos

La mayoría de las mujeres se sienten cómodas admitiendo sentimientos negativos, pero la sociedad casi ha prohibido a los hombres admitir estas debilidades percibidas. Los padres fomentan la expresividad emocional en sus hijas, pero no en sus hijos varones. Por lo tanto, esto limita las opciones de los hombres para expresar sus sentimientos. Cuando algo les molesta, muchos hombres responden como si estuvieran enojados. Esta es una reacción aceptable entre los hombres. De hecho, bajo esta fachada de estar enojado, pueden sentirse heridos, indefensos o asustados, pero aún responden como si estuvieran enojados.

Este comportamiento ambiguo confunde a las mujeres y aumenta la brecha de comunicación entre hombres y mujeres. Por otro lado, cuando algunas mujeres se enojan, terminan llorando. Esto les da a los hombres la impresión de que se sienten tristes o heridos, lo que aumenta su confusión.

Muchas mujeres se quejan de que los hombres en sus vidas no comparten sus pensamientos y sentimientos con ellos, que es el problema de comunicación más importante en sus relaciones con los hombres. Sienten que sus hombres no confían en ellos, así que no les permitan saber cuáles son sus sentimientos. Esta vulnerabilidad masculina impide que muchos hombres y mujeres compartan una verdadera intimidad.

Una esposa dice: *'Cuando veo que mi esposo está angustiado por algo y le pregunto qué pasó, me hace a un lado y me dice: No quiero hablar de eso. Cuando lo hace, me siento abandonado por él, pero nada de lo que digo puede convencerlo de lo que siento. Me acusa de ser demasiado sensible. He llegado a la conclusión de que nada de lo que haga superará el condicionamiento que le enseñó a enmascarar sus sentimientos negativos. Lo último que parece capaz de hacer es hablarme sobre eso.'*

A través de los siglos, los hombres fueron los protectores del hogar. La sociedad esperaba que se mantuvieran alejados emocionalmente y reprimieran su compasión o sus emociones más suaves. Sociedad esperaba que los hombres toleraran las dificultades y el dolor para que pudieran funcionar plenamente. La sociedad dijo que se les permitió mostrar felicidad e ira, pero no se les permitió mostrar ningún sentimiento entre esas dos emociones. Por lo tanto, cuando los hombres se sentían ansiosos, decepcionados, celosos, tristes, heridos, rechazados, estúpidos, intimidados, inseguros, avergonzados o ignorados, su apariencia exterior mostraba los signos verbales y no verbales de enojo.

Algunos hombres han bajado la guardia y han corrido el riesgo de confiar sus sentimientos más íntimos a sus esposas y han sido traicionados. Como explicó Mike, *'Eliminé las barreras un par de veces con mi esposa y le di información confidencial. No se guardó esa información para sí misma, así que ya no puedo confiar en ella.'* Los sentimientos son comprensibles y las mujeres deben tener mucho cuidado de no traicionar las confidencias de sus maridos".

Cuando los hombres se sienten molestos por algo, la mayoría de ellos necesitan tiempo y privacidad para reflexionar sobre la situación. Ven la insistencia de sus esposas en compartir el problema como una interferencia en este proceso. Si sus esposas persisten, creen que ella está fastidiando y se esfuerzan más por sí mismas. Esta interferencia de sus esposas en sus esfuerzos por resolver su problema original conduce a una frustración aún mayor.

La esposa debe retroceder, dejando que su marido sepa que ella está allí cuando él esté listo para hablar sobre su problema. En lugar de ceder a su deseo inicial de alejarla de él, debe tratar de entender que el necesita *"hacer las cosas bien"*. Su naturaleza enriquecedora hace que ella quiera ayudar, no invadir él espacio. Para hacer esto efectivo, él necesita examinar lo que realmente está sintiendo en ese momento y poner esos sentimientos en palabras. *'Estoy realmente enojado por algo que sucedió en el trabajo. Deme tiempo para pensarlo antes de discutirlo con usted.'* Para que este proceso funcione, los hombres necesitan una gran confianza en sus parejas antes de liberarse para revelar su ser interno vulnerable.

Lo que la esposa no debe tolerar son comportamientos negativos indirectos que pueden acompañar la angustia del hombre. Si está atacando a los demás, arrojando cosas o mostrando sus sentimientos negativos de manera destructiva, su esposa tiene todo el derecho de interferir.

Ella podría usar este enfoque, *'Veo que estás angustiado por algo y entiendo que no quieres hablar conmigo sobre eso ahora, pero no puedo soportar y condonar tu comportamiento destructivo. Tenemos que hablar de esto debido a los problemas indirectos que está causando, no solo para mí, sino para nuestros hijos.'* El hombre haría lo mismo si fuera la mujer la que estaba embotellando su ira o liberando ella ira por arrojando objetos o teniendo una rabieta.

Tanto hombres como mujeres necesitan una red de amigos para manejar los rigores de la vida diaria. Se alienta a los hombres a que examinen su sistema de apoyo para asegurarse de que tengan al menos dos amigos cercanos en quienes confiar: amigos que ayudarlos durante los días malos y los ayudan a celebrar los buenos.

Alcanzando la intimidad

Si observamos que las personas se conocen entre sí (del mismo sexo o de ambos sexos), hay varios pasos que deben seguir para alcanzar la etapa de intimidad.

Una persona revela información confidencial. La segunda persona acepta esa confianza y revela información similar.

A medida que crece la confianza entre estas personas, aumentan su confianza y revelan más y más. Esto podría ser casi instantáneo o podría llevar meses, dependiendo de la zona de confort de los participantes.

La intimidad implica tener completa confianza en otra persona. Obtenemos intimidad al "discutiendo todo" y permitir que otros sepan lo que sucede dentro de nosotros. La capacidad de permitir que las personas vean al *"verdadero yo"* puede verse ensombrecida por el temor de que otros usen esta arma contra ti en el futuro.

La intimidad implica revelar cómo te sientes realmente acerca de lo que hace la otra persona y considera los sentimientos de la otra persona al comunicarse con ellos. Esto implica una cantidad considerable de empatía. Los beneficios de revelar tu verdadero yo son que la otra persona casi puede saber cómo reaccionarás frente a las situaciones y tratará de alejarte de las que te molestarán. Ellos lo protegerán automáticamente de situaciones que podrían ponerlo nervioso o molesto y encontrar maneras de evitar situaciones difíciles para que no se sienta lastimado. Pero primero se debe obtener la confianza.

Cuando observamos las relaciones matrimoniales que sobreviven, encontramos que los maridos y las esposas son buenos amigos y se tratan con respeto. La pareja tiene valores compartidos y confían el uno en el otro. La confianza es la base de la relación y sin ella, ellos no te sientes seguro. Sin embargo, muchos hombres todavía son reacios a hablar sobre sus sentimientos más íntimos. A menos que las parejas establezcan esta confianza, la verdadera intimidad no ocurrirá.

Cuando una pareja se lanza comentarios negativos constantes el uno al otro, el uno al otro, están mostrando signos al mundo de que ya no confían el uno en el otro.

Los sentimientos de intimidad pueden terminar repentinamente si una persona hace algo que la otra ve como una traición a su confianza. La traición no necesariamente tiene que ser verbal. Podría ser que él / ella dijo que haría algo y no lo hizo. Podría ser que él llega tarde a una función importante o cualquier otra cosa que pueda hacer que la confianza en cualquiera de los participantes sea difícil. Si la pérdida de confianza ocurre en una amistad o relación profunda, los participantes deben hablar sobre ello. La persona que se siente traicionada compartiría él / ella dudas con la persona infractora. Los estudios aún muestran que la máxima traición entre las parejas es la infidelidad.

Buenos libros sobre este tema son, *La danza de la intimidad* de Harriet Goldhor Lerner, *Hable conmigo: una guía para terapeutas sobre cómo romper el silencio masculino* de Kris Rosenberg y *La lucha por la intimidad* de la Dra. Janet Woititz.

Amor y sexo

El matrimonio de Don e Irene estaba en problemas. Como Irene explicó: *'Todo lo que mi esposo quiere es sexo. Solo deseo que, por una vez, haya romance y amor durante nuestros momentos íntimos '*

En el matrimonio, las mujeres usan la conversación para crear intimidad donde expresan abiertamente sus sentimientos y pensamientos. Las mujeres necesitan un poco de romance para tener ganas de sexo. A los hombres les resulta difícil saltar a una discusión íntima a pedido. Usan el tacto y las acciones (traerle flores, frotarla, hacer cosas agradables para ella) para crear intimidad (usando la comunicación no verbal) y usar la conversación para mantener la independencia. Están en guardia para protegerse de humillaciones u otros que quieran empujarlos. Si les dan a otros (incluso a sus esposas) el armamento (habla sobre sus debilidades) los comentarios podrían usarse contra ellos en el futuro, por lo que se callan y se resisten a la intimidad verbal.

Los estudios muestran que los hombres quieren más sexo; las mujeres quieren más amor. Ambos se comportan a su manera sin entender el significado detrás del comportamiento del otro. Las encuestas indican que la mayoría de los hombres piensan en el sexo aproximadamente seis veces en una hora (y también durante sus fantasías cuando duermen). A menos que sean estimulados por una fuerza externa, la mayoría de las mujeres rara vez piensan en el acto sexual, excepto para pensar en el romance que lo rodea.

Debido a que las mujeres eran físicamente más débiles, los hombres tradicionalmente eran responsables de proteger a sus mujeres y niños. Esto los puso a cargo. El deber tradicional de las mujeres era ofrecer sus cuerpos a los hombres para la procreación. A cambio, los hombres protegerían a las mujeres y sus descendientes. Si los hombres fracasaban en este empeño, la sociedad creía que eran débiles e ineficaces. Esto desanimó a los hombres de amar a las mujeres que lo deseaban tan desesperadamente, principalmente debido a su entrenamiento sobre cómo no dárselo a los demás. Su versión del amor era (ya menudo lo es) a través del sexo, la principal forma en que expresan y aceptan la intimidad. Hasta el día de hoy, los hombres rara vez saben cómo satisfacer las necesidades de las mujeres, y mucho menos cómo lograr que satisfagan sus propias necesidades de sexo físico.

Por otro lado, las mujeres quieren amor y cercanía; querer ofrecer amor y educación, pero la naturaleza sexual de las atenciones de los hombres los extingue. A menudo sienten que los hombres no los aman, sino que simplemente los usan para el sexo. Las mujeres quieren conectarse emocionalmente con los hombres a través del sexo, especialmente antes de tener relaciones sexuales. Quieren una relación profunda con hombres que no solo entiendan sus necesidades, sino que las acepten tal como son. Quieren saber cómo se sienten realmente los hombres, pero muchos encuentran a los hombres incapaces de comprender o verbalizar cómo se sienten realmente.

¿Entonces, cuál es la respuesta? Las mujeres deben entender que hay muchas maneras de expresar cercanía y para algunos hombres, la intimidad puede ser simplemente hacer algo juntos, pero no hablar de ello. Antes de tener relaciones sexuales, ella necesita dar retroalimentación a su hombre, que ella necesita saber cómo el se siente realmente. Si es necesario, ella puede necesitar dar instrucciones explícitas sobre lo que ella requiere. De esta manera, ella puede sentirse amada y no vista principalmente como un objeto sexual. A su vez, ella deberías sentirte cómodo con ella propia sexualidad y hacerle saber a ella hombre que ella disfruta del sexo si está adecuadamente preparada para ello.

Los hombres necesitan desaprender su entrenamiento inicial adquiriendo conocimiento sobre cómo activar a una mujer. Un hombre puede lograr esto dándole el amor que ella necesita y quiere, antes de intentar las relaciones sexuales. Aún necesita hacer que la mujer sienta que está a salvo, que él no la está usando y que se preocupa profundamente por ella. Tanto hombres como mujeres deben encontrarse a mitad de camino; ella para asegurar el amor que quiere y él para obtener el sexo el que quiere.

Reacciones masculinas / femeninas a situaciones

Los hombres y las mujeres tienen problemas para comunicarse en situaciones cotidianas y mundanas. Los enfoques masculinos y femeninos a las situaciones difieren de muchas maneras. Estas diferencias pueden acumularse hasta que la pareja se pregunte si piensan y actúan igual bajo cualquier circunstancia. Vea si reconoce alguno de los siguientes:

Situación # 1

Esta situación involucra a una pareja que conduce un automóvil. Depende de quién conduce el automóvil en términos de lo que sucederá a continuación. Si el esposo conduce, esto es lo que sucede:

'Estamos perdidos,' exclamó la esposa, *'Detente y pide indicaciones a alguien.'*

Marido, *'¡Dame ese mapa! ¡No debería haber confiado en ti para darme las instrucciones correctas!'* Luego, pase la siguiente media hora tratando de averiguar dónde están, en relación con el lugar al que quisieron ir. ¿Por qué es reacio a pedirle instrucciones a alguien? Explicó que no quiere que nadie sepa que está en problemas, que preferiría encontrar el camino por sí mismo. Se sentiría tonto si necesitara pedir ayuda a otra persona.

Si la mujer hubiera estado conduciendo, probablemente habría detenido a la primera persona que vio (incluido un niño) para recibir instrucciones. Normalmente, las mujeres se sienten muy cómodas pidiendo instrucciones a los demás y no pueden entender la terquedad de sus parejas.

Situación # 2

Una pareja casada estaba de compras en un centro comercial. La esposa estaba hambrienta, entonces le preguntó a su esposo, *'¿Te gustaría parar y almorzar?'*

Él respondió: 'No, aún no tengo hambre y todavía tenemos muchas compras por hacer'. Entonces no se detuvieron a almorzar.

El resultado fue que la esposa se enojó con él porque ella sintió que no consideró ella deseos. Desafortunadamente, el esposo no vio que su esposa había querido detenerse para satisfacer ella propias necesidades. Ella debería haber sido más directo y decir: *'Tengo hambre. ¿Nos detenemos y almorzamos?'* Ella debería haber dicho claramente lo que quería de él.

Las mujeres usan la conversación como una forma de proporcionar apoyo y crianza. Los hombres usan la conversación para obtener ventaja o para evitar que otras personas los empujen.

Situación # 3

Una esposa le explicó su frustración por su incapacidad para perder peso. Se enojó cuando su esposo enumeró cinco soluciones a su problema.

Ella espera recibir un oído comprensivo y escuchar ruidos como: *'Ya veo... uhm hm...'* En cambio, el hombre cree que ella identificó un problema para que él pueda ayudarla a resolverlo. Porque él cree esto, hace varias sugerencias sobre cómo ella puede resolver ella problema. La mujer siente que él le está mostrando que ella no puede manejar ella problema y se siente herida.

Cuando las mujeres tienen una queja, a menudo buscan apoyo emocional (no soluciones). La comunicación masculina dicta que cuando alguien identifica un problema o les presenta un reclamo, se sienten desafiados a encontrar una solución, no a simpatizar.

Las intenciones del hombre eran buenas, pero lo que debería haber dicho era: *'¿Quieres mi ayuda con este problema?'* Antes de buscar soluciones.

Situación # 4

Un marido se quejó de que no tenía ganas de levantarse de la cama; que todo dolía y que él no se sentía muy bien. Su esposa le acarició la frente y le dio simpatía. Él se molestó porque ella no parecía interesada en hacerlo sentir mejor. Ella brindó apoyo emocional: quería soluciones.

Situación # 5

La mujer dijo: *'Creo que es hora de que veamos una película.'* O: *'Este fin de semana, debemos limpiar el sótano.'*

Él interpreta este tipo de comentarios como órdenes, se resiste a que ella le diga qué hacer, se siente manipulado, por lo que responde con resentimiento. Ella piensa que está haciendo sugerencias y presenta sus solicitudes como ideas, no como demandas. Él respondería mucho mejor si ella hubiera hecho solicitudes directas, no sugerencias. *'Quiero ir al cine esta noche. ¿Quieres ir?'* O bien, *'El sótano es un verdadero desastre. ¿Deberíamos limpiarlo este fin de semana?'*

Situación # 6

Una esposa pasó un tiempo considerable explicando a su esposo sobre su día. Nada de importancia pasó y su esposo dijo, *'¿Cuál es tu punto?'*

La esposa se sintió devastada, sintiendo que su esposo pensaba que ella lo que hizo todo el día fue insignificante. Él, por otro lado, se preguntaba a dónde ella iría con ella comentarios y esperó el final (que nunca llegó). Se sintió decepcionado porque había perdido el tiempo hablando de cuestiones sin importancia.

El interés de las mujeres se centra en las interrelaciones, los hombres en la importancia de la información dada.

Situación # 7

En un reciente seminario con hombres y mujeres, noté que un hombre había sido muy hablador, mientras que su esposa estaba sentada silenciosamente a su lado. Hacia el final de la tarde, mencioné que las mujeres con frecuencia se quejan de que sus maridos no les hablan lo suficiente. El hombre estuvo de acuerdo con mi comentario y dijo: *'Ella es la que habla en nuestra familia.'* El público se echó a reír, mientras el hombre parecía perplejo y dolido.

'Es cierto,' iluminó. *'Cuando llego a casa del trabajo, no tengo nada que decir. Si no continuara la conversación, nos pasaríamos la noche en silencio.'*

Esta situación señala la incongruencia de los estilos de conversación habituales de hombres y mujeres. Los hombres hablan más que las mujeres en situaciones públicas y a menudo hablan menos en casa. Este patrón ha causado estragos en los matrimonios. La solución es que tanto hombres como mujeres se ajusten y acorten la brecha entre sus diversos estilos de conversación. Las mujeres a menudo pueden satisfacer sus necesidades de socialización hablando con otras mujeres.

Situación # 8

La mayoría de los argumentos entre las parejas comienzan cuando una mujer intenta iniciar una discusión sobre un problema que enfrentan juntos. El hombre, (al menos al principio) probablemente intente evitarlo. Una vez que la disputa se pone en marcha, sin embargo, los hombres quieren encontrar una solución rápida. Las mujeres quieren discutir el problema, sus posibles soluciones y ramificaciones, antes de tomar una decisión.

Las mujeres son más propensas a ver que un conflicto proviene de la relación; los hombres ven que el conflicto proviene de algo que está fuera de él. La mayoría de los conflictos tienen que ver con la confianza, el poder o la intimidad. Las mujeres se quejan de que sus hombres se retiran de los conflictos y no comparten lo suficiente. Los hombres y las mujeres que responden a los conflictos de forma defensiva, obstinada o que se retiran consistentemente, pueden causar el mayor daño a la felicidad de ellos y de sus compañeros. Esas parejas que nunca pelean porque tienen miedo de sacudir el barco, pueden ser menos felices al final, que aquellos que pelean.

Resolviendo conflictos

Los hombres se quejan de que las mujeres regañan, son demasiado emocionales y quieren demasiados detalles. Se necesita valor para los hombres para admitir que están equivocados o que han cometido un error y que están mal equipados para manejar el daño de ser incomprendidos.

En los hombres, las situaciones estresantes desencadenan un aumento rápido en su frecuencia cardíaca y presión arterial (respuesta de lucha o huida). Tienen un sistema nervioso más sensible que las mujeres. Cuando sienten ese aumento en la presión sanguínea ante la anticipación de una discusión, sus cuerpos y cerebros reaccionan en autopreservación. También les lleva mucho más tiempo enfriarse física y psicológicamente. Es más probable que la naturaleza protectora de la paz de las mujeres escoja una manera de superar el conflicto mediante el compromiso o la negociación.

Solo cuando hombres y mujeres hacen un esfuerzo constante para comprender por qué el otro género hace lo que hace, pueden comunicarse en la misma "longitud de onda". Esto requiere paciencia, empatía y un grado de apertura que puede ser incómodo para los hombres. Las mujeres deben ser pacientes mientras que los hombres aprenden a confiar en ellas durante el proceso de superar siglos de programación que les dice que deben guardar sus sentimientos para sí mismos.

Capítulo 3
HABILIDADES DE COMUNICACIÓN PARA TRATAR CON PERSONAS DIFÍCILES

Proceso de comunicación

Si encuentra que hay demasiadas situaciones en las que malinterpreta a los demás o ellos malinterpretan sus mensajes, tendrá que trabajar en sus habilidades de comunicación. Hay ocho pasos en el proceso de comunicación entre dos personas:

- Lo que quiero decir.
- Lo que realmente digo.
- Lo que la otra persona escucha.
- Lo que la persona piensa que oye.
- Cómo la persona quiere responder.
- Cómo responde realmente la persona.
- Lo que escucho a la persona decir.
- Lo que creo que oigo a la persona decir.

Mismas palabras - Diferentes significados

A menudo las palabras significan cosas diferentes para diferentes personas. Por ejemplo, si te invitaran a cenar en mi casa mañana, ¿cuándo vendrías? ¿Sería al mediodía, 1:00, 5:00, 6:00, 7:00 u 8:00 p.m.? Algunas personas cenan (la comida principal del día) al mediodía, otras por la noche.

Si le pedí a personas de Alaska y Florida que describieran una ventisca, ¿creen que sus descripciones serían las mismas? Por supuesto que no, porque cada persona viene con una noción preconcebida de lo que significa esta palabra para ellos. Y si le preguntas a un adolescente qué es una ventisca, ¡probablemente dirán que es un helado que comes!

En América del Norte dirían: *"Solo un minuto"*. En Irlanda dirían, *"Espera dos tics"*. En América del Norte te referirías a las personas que trabajan contigo como *"compañeros de trabajo"*. En Australia y Gran Bretaña usarían la expresión *"colegas"*. En Escocia, una expresión que a menudo se escucha es *"I dinna ken"*. Que significa *"No entiendo"*.

Significado de las palabras - masculino / femenino

A menudo, la misma palabra tiene diferentes significados para hombres y mujeres. Estaba con un grupo de personas socialmente, cuando una mujer joven en el grupo discutía sus aspiraciones de carrera. Ella había asistido a una entrevista de trabajo esa mañana. Su novio le preguntó si ella aceptaría el trabajo si la compañía se lo ofrecía.

Ella respondió: *'Bueno, sería un verdadero desafío.'*

Él declaró: *'Entonces, supongo que lo rechazarías.'*

Ella dijo: *'¡Oh, no, lo tomaría si me lo ofrecieran!'*

'¿Pero por qué lo tomarías, cuando será una posición tan difícil?', Repitió.

Ella repitió, *'Saltaría a la oportunidad de obtener esta posición. Como expliqué, ¡este trabajo será un verdadero desafío para mí!'*

La conversación progresó hasta que se convirtió en una acalorada discusión. El resto de nosotros nos preguntamos sobre qué discutían. De repente se hizo evidente que tenían definiciones completamente diferentes de la palabra *"desafío"*. Para aclarar las cosas, les pedimos que explicaran qué significaba la palabra para cada uno de ellos.

La palabra *"desafío"* tenía un significado positivo para ella. La mujer explicó que la palabra *"desafío"* significaba que:

- La posición le permitiría ella crecer y estirarse, para alcanzar su máximo potencial;
- Algo fue emocionante;
- El trabajo le daría ella la oportunidad de demostrar su valía.

Ella compañero masculino, por otro lado, creía que la palabra "desafío" tenía un significado negativo y que significaba que:

- Alguien o algo se interponía en su camino, impidiéndole obtener lo que quería.
- Él tendría una pelea en sus manos y tendría que defenderse.

Esta revelación inició al grupo tratando de identificar palabras que sentían que tenían diferentes significados para hombres y mujeres. Decidimos que las siguientes palabras tienen diferentes significados:

La palabra Gentle - para la mayoría de los hombres significaba:

- mentalmente débil, blando, anodino;
- se imaginan un cobarde;
- indeciso, otros pueden empujarlo él;
- usa comportamiento pasivo;
- es físicamente débil.

Para la mayoría de las mujeres significaba:

- tierno, empático;

- en sintonía con los demás;
- no se aprovecha de los demás;
- confiable, modesto y bondadoso.

Hay miles de palabras que utilizamos en nuestra vida cotidiana que tienen estos dobles significados para hombres y mujeres. Estoy seguro de que conoces a muchos otros.

La habilidad de parafrasear

Esta habilidad te ayuda a asegurarte de que lo que otros han dicho sea realmente lo que los oíste decir.

Cuando utilizamos paráfrasis, a menudo comenzamos oraciones con:

'Quieres decir que...?'

'Quiero asegurarme de haber entendido (estaba claro) lo que dijiste...'

'Dices que te sentiste triste cuando...'

'Quieres que yo...'

Esta habilidad se relaciona con el uso de palabras. Parafrasear significa:

- Expresar el significado en otras palabras;
- Una reafirmación de texto o trabajo;
- Dar al significado otra forma;
- Amplificando un mensaje.

Normalmente utilizamos paráfrasis para comentarios simples, como repetir números de teléfono al tomar un mensaje. ¿Pero, con qué frecuencia transponemos dos números al tomar los siete u ocho dígitos simples de un número de teléfono? El uso de paráfrasis es esencial cada vez que dos personas están conversando. Lamentablemente, cuando la información no es clara, a menudo hacemos suposiciones. No confirmamos con la otra persona que lo que pensamos que él o ella dijo, era lo que realmente quería que entendiéramos.

Un amigo te da instrucciones para encontrar él casa, pero olvidó usar paráfrasis. ¿Se olvidó de asegurarse de haber entendido sus instrucciones y terminó teniendo que llamar para obtener más instrucciones?

Aquí hay un ejemplo de dos personas hablando, pero sin entender los comentarios:

Bob: *'Jim no consiguió el trabajo que quería.'*

Jennie: *'¿Quieres decir que él no consiguió el trabajo que quería?'*

Bob: *'Sí, y él está realmente molesto por eso.'*

Jennie pensó que estaba usando parafrasear, pero todo lo que estaba haciendo era casi repetir lo que Bob dijo. En cambio, debería haberse preguntado qué significaba la declaración de Bob para ella. Algunas de ella suposiciones podrían haber sido:

- Jim puede haber pedido un salario demasiado alto.
- Él estaba sobre calificado / insuficiente para el puesto.
- Tuvo una mala entrevista.
- Encontraron un mejor candidato.
- Jim probablemente esté mejor preparado para una carrera diferente.

Después de determinar lo que la declaración significaba para ella (que en este caso era que Jim tuvo una mala entrevista) la conversación resultante habría sido más como:

Bob: *'Jim no consiguió el trabajo que quería.'*

Jennie: *'¿Quieres decir que tuvo una mala entrevista?'*

Bob: *'Oh, no, descubrió que ya habían elegido a alguien más.'*

Jennie: *'Eso es triste, él realmente quería ese trabajo.'*

Bob: *'Sí, y él está realmente molesto por eso.'*

Puede ver las diferencias entre estos dos conjuntos de conversaciones. En la primera conversación, Bob y Jennie no confirmaron sus creencias personales entre ellos. Por ejemplo, Jennie no **sabe** que Jim no consiguió el trabajo porque la empresa eligió a otra persona para el puesto. Por otro lado, ella **cree** que Bob ha confirmado su suposición de que Jim arruinó su entrevista.

Esta es la razón por la cual los problemas ocurrieron más tarde. En una conversación con otra amiga, Jennie dijo que tanto ella como Bob estuvieron de acuerdo en que Jim tuvo una mala entrevista. Ella creía que le estaba diciendo la verdad a su amigo.

Este tipo de problema existe en la mayoría de las conversaciones. Solicite más información si no está seguro de lo que una persona quiere decir o use paráfrasis para generar discrepancias. Probablemente ya usas esta técnica. Si alguna vez has exclamado: *'No, eso no es lo que quise decir,'* ya has utilizado parafrasear. Úselo con frecuencia para disminuir los problemas de comunicación.

Uso de paráfrasis al instruir

Si has tenido la responsabilidad de enseñar nuevas tareas a miembros de tu familia o amigos, probablemente te hayas arrojado al aire a veces porque has tenido que explicar cómo hacer algo repetidamente. Su información parece ir en un oído y salir por el otro con algunos alumnos. Muchas personas requieren repetición constante de instrucciones. Este tipo de persona podría ser un pobre oyente.

Parafrasear es una herramienta muy efectiva para entrenar a otros, especialmente si son oyentes perezosos. Recuerda que tienes la responsabilidad de aclarar tus instrucciones. Para ayudarlos a retener la información, haga lo siguiente:

- Deles instrucciones breves y secuenciales.
- Estado: *'Para asegurarte de que fui claro en mis instrucciones para ti, ¿podrías explicarme qué vas a hacer?'*
- Si le dan un aspecto en blanco o no pueden decir los pasos;
- Repita instrucciones cortas y secuenciales.
- Nuevamente, pídales que relaten los pasos que darán para completar la tarea.

Descubrirá que las habilidades auditivas mejorarán. Él / ella sabrá que cuando tú les enseñe a hacer algo nuevo, habrá una prueba para ver si han escuchado correctamente. Proporcione al alumno información de respaldo por escrito para referencia futura. Siempre que sea posible, use demostraciones para mostrar cómo él / ella debe completar la tarea.

Retención de información

El siguiente método muestra a los estudiantes cómo ser mejores oyentes. Tenga en cuenta que la mayoría de las personas conservan:

- 10% de lo que leen (información escrita).
- 20% de lo que escuchan (explicado).
- 30% de lo que ven hacer (demostraciones).
- 40% de lo que leen y escuchan.
- 50% de lo que leen, oyen y ven.
- 70% de lo que leen, oyen, ven y luego explican lo que harán (parafrasear).
- 90% de lo que leen, escuchan, hacen, explican lo que harán y luego demuestran la tarea ellos mismos.

Su estudiante usará paráfrasis para confirmar que han entendido sus instrucciones. No use expresiones como:

'¿Lo entiendes?' (Esto no confirma que entendieron lo que les pidió que tu hicieran o una humillación, porque implica que no son lo suficientemente brillantes como para recopilar la información).

'Repite lo que te dije que hicieras.' (Esto podría molestarlos).

Si te malinterpretan, es mucho mejor que el problema sea tuyo. Puede lograr esto a través de declaraciones tales como:

'Así que estoy seguro me dé que estaba claro en mi información...'

'Veamos si he dado las instrucciones claramente...'

Luego, pregúntales si tienen alguna pregunta para aclarar el significado. Para continuar *"asegurando"* la capacitación, asegúrese de que usen la capacitación lo antes posible.

La habilidad de la retroalimentación

Use comentarios para las reacciones positivas y negativas. Dé comentarios positivos a través del reconocimiento y los elogios al hacerles saber a los demás cuando tú les gusta algo que han dicho o hecho. Estos comentarios hacen que las personas se sientan bien consigo mismas. Desafortunadamente, la mayoría de nosotros ignoramos las cosas buenas que las personas hacen o dicen y nos concentramos solo en lo malo. Como este libro trata sobre personas difíciles, nos concentraremos solo en utilizarlo en situaciones negativas o difíciles. Pero no olvides la importancia de la retroalimentación positiva.

En retroalimentación, comparte sus reacciones con el comportamiento de otra persona con esa persona. Use comentarios negativos si algo que alguien ha hecho le molesta o irrita. Discuta cómo se siente cuando los demás actúan o se comportan de cierta manera. Las personas no pueden intentar cambiar su comportamiento a menos tu que les haga saber lo que sus acciones le están haciendo tú.

No estás siendo justo con los demás si no les comunicas esto. Dejar que las situaciones negativas se acumulen, solo aumenta las dificultades entre las personas. Resuelva las dificultades menores cuando ocurran, no solo las recopile para futuras explosiones.

Si no practicamos una realimentación efectiva, a menudo se obtiene lo siguiente:

Cada vez que la persona hace algo que le molesta tú, se produce una pequeña garrapata en su *"pantalla de molestia"*. Si no lidias con el problema o la situación y la persona repite el comportamiento, esto lleva a.

Otro una garrapata más grande que ocurre en su *"pantalla de molestia"*. Esto no tiene por qué ser por la misma razón que la irritación original.

Pronto esta garrapata se acumula y tienes una gran explosión con la persona.

Incluso el incidente más trivial puede desencadenar esta respuesta. Sería mucho mejor si manejáramos cada irritante inmediatamente en lugar de registrarlo en nuestra "pantalla de irritación". La retroalimentación debe usarse cuando:

- Tu no entienden algo que dijeron;
- Tu No estoy de acuerdo con ellos;
- Tu piensa que han cambiado de tema o están dando vueltas en círculos;
- Tú se irritan;
- Tu sentirse dolido o avergonzado.

Al utilizar los comentarios, podemos mantenernos en contacto con nuestros sentimientos y podemos disminuir los problemas asociados con sentimientos negativos más serios como la frustración y la ira.

Pautas para usar la retroalimentación

Sea selectivo cuando use la retroalimentación. Pregúntese, *'¿Estoy a punto de revelar esta queja correctamente? ¿Es injusta mi reacción o estoy reaccionando demasiado?'*

Recuérdate a ti mismo que la persona debería ser capaz de hacer algo con respecto a la situación.

Para ser efectivo, debe existir una base de confianza entre el emisor y el receptor de los comentarios. De lo contrario, el destinatario puede malinterpretar los comentarios como un ataque personal. El receptor puede escuchar solo comentarios críticos y sentir la necesidad de defenderse en lugar de escuchar lo que tu tiene que decir.

No arroje demasiadas críticas a la persona al mismo tiempo.

Aquí hay algunas pautas para hacer la retroalimentación:

a) **¿Está listo el receptor?** Dé la retroalimentación solo cuando haya señales claras de que el receptor está listo para escucharla. Si no están listos, el receptor no escuchará sus comentarios ni malinterpretará sus comentarios.

b) **Basado en hechos, no en emociones:** la retroalimentación actúa como una "cámara". Es un informe de los hechos, en lugar de tus ideas sobre por qué sucedieron las situaciones o qué quiso decir la persona con ellas. *'Le cortaste el dedo a Graham cuando arrojaste ese juguete.'*

c) **Sucedió recientemente:** Mientras más cerca de usted dé su opinión sobre el momento en que ocurrió el evento, mejor. Si das tu opinión de inmediato, es más probable que el receptor entienda exactamente lo que quieres decir. Los sentimientos que acompañan al evento aún existen, por lo que esto también puede ayudar.

d) **El tiempo debe ser correcto:** haga comentarios solo cuando haya una buena posibilidad de que la persona lo escuche. Puede no ser útil si el

Tratando con cónyuges y niños difíciles

receptor siente que hay otros asuntos más urgentes que exigen su atención.

e) **Proteger la privacidad:** la retroalimentación crítica dada frente a los demás será perjudicial en lugar de útil.

f) **Debe poder cambiar:** la retroalimentación debe referirse a situaciones que necesitan cambios, si el receptor decide hacerlo.

g) **Libertad de decisión**: el receptor puede considerar si desea intentar un cambio después de su retroalimentación. Es posible que desee incluir que le gustaría ver ciertos cambios. No es probable que tengas éxito si has dado la impresión: *'Te dije lo que te pasa, ¡ahora cambia!'*

h) **No dé demasiado a la vez:** cuando aprendemos a dar retroalimentación, a veces nos excedemos. Es como si le estuviéramos diciendo al receptor, *'Acabo de tener una lista de quejas. Déjame que te las lea.'* El receptor, naturalmente, prefiere el tiempo para considerar cada elemento y puede resistir tus abrumadoras expectativas.

i) **Las críticas deberían ser útiles:** por ejemplo, si estás enojado y deseas expresarlo, incluye una descripción del comportamiento que causó tu enojo. Siempre considere sus motivos para dar su opinión. ¿Estás tratando de ayudar al receptor o simplemente estás descargando algunos de tus sentimientos? ¿Estás aprovechando la ocasión para intentar que el receptor haga algo que solo te beneficie a ti?

j) **Anímalos a compartir comentarios:** Dar retroalimentación puede convertirse en una *"una muestra de superioridad"*. Debido a que el donante se ha centrado en el potencial de mejora de la persona, el receptor se va sintiendo como si *"no fuera tan bueno"*. El receptor puede sentir como si le estuvieras dando una conferencia. El intercambio estará mejor equilibrado si el dador incluye algunos de sus propios sentimientos e inquietudes.

k) **Sea específico - No general:** brinde citas y ejemplos de exactamente a lo que se refiere.

Pautas para recibir la realimentación

1. **Indique en qué quiere retroalimentación sobre:** Esto le permite al dador de los comentarios escuchar y reaccionar a sus palabras.

2. **Verifique lo que ha escuchado:** utilizar parafraseando a para asegurarse de haber entendido el mensaje del dador.

3. **Comparta sus reacciones a los comentarios:** a medida que sus sentimientos se involucren, puede olvidarse de compartir sus reacciones con los comentarios que ha recibido. Saber lo que era y lo que no era útil permite al dador mejorar él o ella habilidades para proporcionar

comentarios útiles. Si no está seguro de sus reacciones, es menos probable que se arriesgue a compartirlas en el futuro.

Tómese un momento para identificar las situaciones que le molestan y cómo podría utilizar los comentarios para eliminarlas. Los comentarios se pueden usar para resolver las siguientes situaciones:

- Llegas a casa cansado del trabajo y encuentras que Johnny dejó un rastro de sus pertenencias en la puerta trasera de su habitación.
- Los miembros de la familia dejan su ropa sucia encima de la canasta de la ropa en lugar de dentro.
- Alguien usa tus herramientas y no las devuelve al lugar correcto.
- Alguien no bajó el asiento del inodoro, así que te bañaste en el inodoro.
- Su hijo usa el automóvil, pero no recarga el recipiente de fluido de la lavadora del parabrisas cuando se agota. él

Proceso de retroalimentación

Los tres pasos en el proceso de retroalimentación son los siguientes:

a) Describa el problema o la situación que causa la dificultad. Dar ejemplos.

b) Defina qué sentimientos o reacciones provoca la conducta (tristeza, enojo, ansiedad, dolor o incomodidad).

c) Sugerir una solución o pedirles que proporcionen una.

Aquí hay una situación de muestra: Jim, el esposo de Melanie, había llegado tarde a la cena cuatro noches a la semana. Él no había llamado, así ella que había evitado servir la cena el mayor tiempo posible. Sus dos niños en edad preescolar se pusieron malhumorados e inquietos y ella finalmente los alimentaron. Ella descubrió que se convirtió en una vigilante del reloj, cada vez más molesta con el paso del tiempo y Jim no había vuelto a casa.

Usando comentarios, Melanie dijo, *'Jim, cuando no me llames para decirme que llegarás tarde, no sirvo la cena para los niños y para mí. Se enojan y molestan, lo que a su vez me molesta. No puedo planear mi noche, por esto. Me gustaría que me llamaras si llegaría tarde a la cena. ¿Puedo contar con que harás esto en el futuro?'*

a) **El problema:** Jim llega tarde a la cena.

b) **Ella sentimientos o reacciones:** esto molesta tanto a ella como a sus hijos.

c) **Solución:** le pide a Jim que llame si va a llegar tarde.

En el caso de Melanie, ella podría haber sentido ganas de decir: *'Siempre llegas tarde a la cena, ¿no puedes llegar a tiempo para un cambio?'* Esto solo haría que Jim actúe a la defensiva. En cambio, ella trató de obtener él a cooperación para resolver el problema. Melanie le contó a Jim cómo ella se sentía acerca de la tardanza, dándole él la oportunidad de cambiar el comportamiento.

Aquí hay otro ejemplo: Barry es un lector ávido y disfruta acurrucarse en el sofá con un buen libro por las noches. Su esposa Susan disfruta de la televisión y comparte la sala de estar con él. Ella es muy verbal y constantemente interrumpe él lectura haciendo comentarios sobre el programa que está viendo. Barry se molesta cada vez más a medida que avanza la noche. Él resuelve el problema de las interrupciones yendo a la cocina (no tan cómodo) o a su dormitorio para leer.

Susan se queja de que nunca tiene tiempo para hablar con él excepto por la noche y se siente abandonada cuando él la abandona. Ambos necesitan usar retroalimentación y hacer concesiones.

Barry dice: *'La razón por la que dejo la habitación es porque no puedo concentrarme en mi libro cuando me interrumpes constantemente. Esto me frustra cada vez más hasta que salgo de la habitación. ¿No podrías interrumpirme tanto cuando estoy leyendo?'*

Susan, *'Me siento abandonada cuando me dejas en paz. ¿No podemos encontrar una solución que sea satisfactoria para los dos?'*

Los problemas:

a) Susan está interrumpiendo la lectura de Barry.

b) Susan quiere más comunicación de Barry.

Los sentimientos / o reacciones:

a) Barry se molesta cuando Susan interrumpe él lectura.

b) Susan se siente abandonada por Barry cuando él sale de la habitación o no quiere hablar con ella.

Las soluciones:

a) Susan no interrumpirá Barry lectura.

b) Barry planificará un tiempo privado para que puedan hablar sin interrupciones.

Barry, *'Parece que quieres que tengamos un tiempo privado juntos sin los niños. ¿Estoy en lo correcto?'*

'Sí, ese es realmente el problema.'

'¿Por qué no reservamos un tiempo después de la cena o antes de acostarnos cuando podemos hablar? Entonces puedes disfrutar de tus programas y puedo disfrutar de mi libro. ¿Como suena eso?'

'Eso suena bien para mí.'

La retroalimentación pasos

La mayoría de las personas cambiará el comportamiento no deseado si se les informa de una manera amable y no amenazante. Pero hay excepciones a la regla. A algunos simplemente no les importa lo que piensas, sienten que no vale la pena cambiar para adaptarse a ti o tener un hábito que es difícil de cambiar. Otros cambian su comportamiento por un tiempo, pero vuelven a hacerlo a la manera antigua. En situaciones como estas, se necesitan más pasos de retroalimentación.

1. Siga los pasos (a), (b) y (c) del proceso de retroalimentación.
2. Si sucede de nuevo, repita # 1.
3. Si sucede por tercera vez
    i. Pídale a la persona que explique por qué él / ella sigue haciendo algo que él / ella sabe que le molesta.
    ii. Explique las consecuencias si el comportamiento o la situación vuelven a suceder.
4. Seguimiento las consecuencias.

En nuestro ejemplo con Barry y Susan, la vida transcurrió sin problemas durante dos semanas, pero Susan volvió a interrumpir la lectura de Barry mientras miraba su programa. Usando el paso dos de los pasos de retroalimentación, Barry le recordó a Susan ellos acuerdo.

Cuando Susan hizo lo mismo dos noches después, Barry siguió las instrucciones del paso tres y preguntó: *'Susan, ¿puedes decirme por qué todavía estás interrumpiendo mi lectura, cuando sabes que me molesta?'*

Después de decir: *'Oops, lo siento,'* respondió: *'Si vuelve a suceder, no tendré más remedio que ir a otra habitación para leer. Quizás necesitemos sentarnos nuevamente y discutir otro enfoque para este problema.'*

El paso 3 (donde haces que la persona explique por qué están haciendo algo intencionalmente para molestarte) es muy efectivo.

¡Asegúrate de cumplir con las consecuencias!

Si está tratando con sus hijos y necesita identificar las consecuencias, recuerde que los padres hacen muchas cosas especiales para sus hijos. Solo elimine una de esas cosas especiales como consecuencia, en caso de que él o ella no cambie el comportamiento. Haga esto al negarse a llevar a el hijo a su juego de hockey o negarse a ayudar a tu hija a obtener una insignia de Brownie.

La habilidad de escuchar

Otra habilidad que la gente da por sentada es escuchar. La escucha atenta es un proceso que comienza con el oyente dando al hablante toda su atención. Esto construye una relación y muestra al orador que el oyente valora lo que está diciendo. Si un hablante se siente apresurado (ya sea por insinuaciones verbales o no verbales) o si los oyentes parecen demasiado críticos, es probable que él o ella se quede boquiabierto.

Escucha activa

Usted indica que está interesado y atento a lo que alguien está diciendo cuando:

1. Su lenguaje corporal muestra que está escuchando: asiente con la cabeza, hace contacto visual, detiene lo que hace y muestra signos de que se está concentrando en lo que ellos están diciendo.
2. Hacer ruidos de "escucha" como *'Ya veo...'* O, *'Uh-huh...'* O, *'Eso es interesante.'*
3. Parafrasee lo que han dicho para aclarar su comprensión del mensaje.

Aquí hay algunos hechos relacionados con la escucha:

La mayoría de nosotros no puede prestar mucha atención a lo que otros dicen por más de sesenta segundos a la vez. Nos concentramos, lo dejamos, luego nos concentramos nuevamente.

Pasamos hasta el ochenta por ciento de nuestras horas conscientes utilizando cuatro habilidades básicas de comunicación; escribe, lee, habla y escucha. ¡Escuchar representa más del cincuenta por ciento de ese tiempo, así que de hecho pasamos el cuarenta por ciento de nuestro tiempo despiertos escuchando!

¿Alguna vez recibió capacitación específica para mostrarle cómo escuchar? Probablemente no. Como estudiante, probablemente escuchó: *'Patti, por favor deja de hablar...'* en lugar de, *'Patti, por favor, escucha.'*

¿Qué tan rápido cree que la persona promedio habla en palabras por minuto (p.m.)? La velocidad de la voz normal es de 125 - 150 w.p.m. Mi velocidad de habla es de al menos 160 w.p.m. especialmente cuando estoy conduciendo seminarios. Los locutores de radio y televisión generalmente hablan a las 180 p.m. y cuando hacen comerciales: más de 200 w.p.m. Y subastadores, ¡quién cuenta!

¿Cuál crees que es tu capacidad de pensamiento en w.p.m.? He escuchado estimaciones de 50 a 300 w.p.m. Demasiado bajo: ¡la persona promedio puede pensar a la velocidad fenomenal de 750 a 1200 p.m.! Entonces, ¿por qué no escuchamos lo que la gente nos dice? Porque nuestras mentes se aburren, es por eso. No tienen suficiente para mantenerse ocupado cuando las personas hablan a velocidades normales. Incluso con mi velocidad de 160 w.p.m., no siempre puedo mantener motivados a los participantes. Desafortunadamente, pierden su tren de pensamientos y pueden perderse en sus propios pensamientos. ¿Así que lo que ocurre? Mi audiencia hace *"viajes secundarios"* donde pueden:

- Busque ejemplos de algo que estoy discutiendo,
- Pregunte por qué su cónyuge estaba de mal humor esa mañana,
- Tu recuerde que tienen que llamar a alguien,
- Tu admira una prenda de vestir y se pregunta dónde la compró la persona,
- Tu piensan que debería ser hora de tomar un café, porque tu tienen sed.

La radio y la televisión nos han convertido a la mayoría de nosotros oyentes perezosos. Por ejemplo, ¿encendiste la radio esta mañana para oír el informe del clima? ¿Escuchaste el pronóstico o lo desconectaste y lo perdiste? Se necesita práctica y concentración para mantenerse *"sintonizado"* con lo que otros dicen. La próxima vez que escuche a otros, mire y vea con qué frecuencia los desconecta durante su comunicación con ellos. Casi puedo garantizar que habrás tenido otros pensamientos mientras hablaban de que no tenían nada que ver con lo que estaba ocurriendo.

¿Cómo calificas como oyente?

Califíquese (o haga que un amigo lo ayude) usando la siguiente escala:

5 = Siempre

4 = Casi siempre

3 = A veces

2 = Raramente

1 = Nunca

1. Permito que el hablante exprese sus pensamientos completos sin interrumpir.
2. Ejerzo tacto para mantener al orador en el buen camino.
3. Intento activamente desarrollar mi capacidad para recordar hechos importantes.
4. En una conferencia o conversación telefónica importante, escribo los detalles más importantes de un mensaje.
5. Evito volverme hostil o emocionado si las opiniones de un hablante difieren de las mías.

6. Repito los detalles esenciales de una conversación al hablante para confirmar que he entendido correctamente.

7. Desactivo las distracciones cuando escucho.

8. Me esfuerzo por mostrar interés en la conversación de la otra persona.

9. Entiendo que estoy aprendiendo poco cuando estoy hablando. (Hablo demasiado, ¿escucho muy poco?)

10. Sueno como si estuviera escuchando. (Yo uso paráfrasis, hago preguntas).

11. Recuerdo que las personas están menos a la defensiva cuando sienten que se entienden sus comentarios.

12. Entiendo que no tengo que estar de acuerdo con el orador.

13. Me veo como si estuviera escuchando en reuniones personales. (Me inclino hacia adelante, observo a los ojos).

14. En una conversación personal, busco formas de comunicación no verbales, como el lenguaje corporal, el tono de voz y otras señales que proporcionan información además de las palabras del orador.

15. Solicito la ortografía de nombres y lugares cuando recibo un mensaje.

TOTAL:

Tanteo:

- 64 o más - ¡Eres un excelente oyente!
- 50 - 63 - Eres mejor que el promedio.
- 40 - 49 - Necesita mejorar.
- 39 o menos: no eres un oyente efectivo. ¡Necesitas práctica, práctica y más práctica!

Con respecto a la pregunta 15: cada vez que alguien te da un nombre, pregúntale cómo deletrearlo (incluso el nombre de Smith, puedes deletrear Smythe). Introduzca corchetes (debajo de la ortografía del nombre) agregue la pronunciación fonética del nombre.

Así es cómo puede mejorar sus habilidades de escucha:

1. Debes querer mejorar. Sin esta motivación, será demasiado esfuerzo.

2. Intenta encontrar una zona tranquila. Mantener su línea de pensamiento es difícil cuando hay obstrucciones a la concentración.

3. Trate de hablar sobre asuntos que son de interés conocido para la otra persona.

4. Trate de no anticipar lo que dirá la otra persona.

5. Tenga en cuenta sus prejuicios, para que no influyan indebidamente en su escucha.
6. Preste mucha atención a lo que dicen sin planear refutaciones.
7. Tenga cuidado con las palabras que pueden causar una reacción exagerada. Ejemplos de esto son las frases como *"libber de mujeres"* o *"chovinista masculino"*.
8. No salte a conclusiones tratando de comprender la información dada por el hablante.
9. A intervalos, trate de parafrasear lo que las personas han estado diciendo. Deles la oportunidad de aprender lo que tu cree que tú los escuchó decir.
10. Cuando tenga dificultades para determinar los motivos de la conversación, pregunte '*¿Por qué me dice esto?*'
11. Esté atento a las palabras clave si descubre que ha perdido el hilo de la conversación. Esto generalmente sucede cuando escuchas a personas que están deambulando.
12. Personas analíticas tienen dificultades para conversar. Necesitan saber cada pequeño detalle, para que el orador sienta que están siendo interrogados.

Cualidades de un buen oyente

Las personas que practican buenas habilidades para escuchar practican las siguientes técnicas:

1. Permita que los demás terminen lo que están diciendo (no interrumpen a los demás).
2. Si no siguen la línea de conversación, hacen preguntas.
3. Mantienen un contacto visual cómodo: no dejen que sus ojos vaguen.
4. Presta atención a lo que otros dicen.
5. Mantener la mente abierta, listo para cambiar sus opiniones.
6. Use las habilidades de retroalimentación y parafraseo.
7. Leer la comunicación no verbal de los demás (lenguaje corporal).
8. No *"desconecte"* inapropiadamente cuando otros están hablando.
9. No saque conclusiones sin escuchar toda la información que el hablante quiere dar.

Tartamudos

¿Qué errores cree que usted y la mayoría de las personas cometen cuando conversa con alguien que tartamudea? Apuesto a que estás tentado de terminar la frase para esa persona. Esto obliga al tartamudo a explicar que esto no era lo que iban a decir, por lo tanto, comenzar de nuevo. ¿Puedes imaginar la doble molestia que esto representa para el tartamudos? ¡Ten corazón!

La mayoría de los tartamudos son de inteligencia media o alta. Sus cerebros simplemente van demasiado rápido para que sus bocas digan lo que quieren decir. A menudo, cuando eran niños, los padres y maestros los animaban a hablar más rápido, lo que solo aceleraba su problema. Cuanto más ridiculizados ellos son, peor se volvía su problema. Una terrible situación de *"atrapa 22"*.

Cuando hable con un tartamudeo, comience por dejarles saber que está listo y dispuesto a escuchar. Haz esto practicando buenas técnicas de escucha. Mantenga un contacto visual cómodo, asiente con la cabeza, haga preguntas y déjelos terminar lo que están diciendo. Intenta dar la impresión de que tienes todo el tiempo del mundo para que digan lo que quieren decir. Si tratas de hacer que ellos se apresuren, solo tomará más tiempo para expresarse, debido a su nerviosismo.

La habilidad de hablar

Otra habilidad de comunicación que todos necesitamos es el arte de poder decir lo que queremos decir, cuando queremos decirlo. La fluidez verbal nos permite expresar nuestros pensamientos con claridad, para que otros entiendan exactamente lo que queremos decir. Aquellos que tienen problemas para poner sus pensamientos en palabras deben tomar medidas para aliviar el problema. Debido a que van a estar hablando el resto de sus vidas, ciertamente parece que vale la pena tomar medidas para mejorar esta habilidad. De lo contrario, se permitirán permanecer discapacitados en una de las habilidades de comunicación más importantes de todos.

¿Cómo calificas como orador?

Aquí hay una prueba que puedes darte a ti mismo. Como a menudo no nos oír claramente, puede ser un beneficio que un amigo lo haga por usted también.

Califíquese usando la siguiente escala:

5 = Siempre

4 = Casi siempre

3 = A veces

2 = Raramente

1 = Nunca

1. Si fuera un oyente, ¿me escucharía a mí mismo?

2. Si otros tienen problemas para entenderme, ¿recuerdo que es mi responsabilidad ayudar a que la otra persona me entienda?
3. ¿Mantengo mis instrucciones a los demás cortas, dulces y al grano?
4. ¿Puedo determinar cuándo mi público tiene me *"desconectó"*?
5. ¿Me aseguro de que mis oyentes sepan lo que quiero de ellos?
6. Cuando doy instrucciones, ¿pido comentarios y parafraseo para asegurarme de que me entienden?
7. ¿Me aseguro de que mis comunicaciones no verbales sean las mismas que las verbales?
8. ¿Me aseguro de no intimidar a mis oyentes?
9. ¿Hablo claro? (¿Murmuro?)
10. ¿Uso un lenguaje común?

TOTAL:

Tanteo:

- 40 o más - ¡Eres un excelente orador!
- 32 - 39 - Eres mejor que el promedio
- 25 - 31 - ¡Necesita mejorar!
- 24 o menos: no eres un orador efectivo. ¡Práctica práctica práctica!

¿Te ríes de ti mismo al completar la primera pregunta? ¿Encontraste que había un elemento de verdad en la pregunta? Si es así, es posible que encaje en uno de los tres grupos de personas que quien creen no son dignos de escuchar:

a) Tienes problemas para pronunciar tus palabras. Usted sabe lo que quiere decir, pero no puede decirlo de la manera que quiera debido a su falta de fluidez verbal. Mejore esto uniéndose a los clubes Toastmasters o Toastmistress o tomando cursos de oratoria pública.

b) No estás enterado de lo que está sucediendo en el mundo. A menudo las personas se aíslan de las terribles situaciones que están sucediendo en el mundo. De repente, en situaciones sociales, pueden descubrir que no saben lo que está pasando, por lo tanto, sienten que no tienen nada para contribuir a la conversación. La solución es ponerse al día con lo que está sucediendo.

c) Es posible que sienta que *"sale corriendo por la boca"* (divagar). Dedique tiempo a organizar sus pensamientos antes de hablar. Practica escribiendo tus pensamientos o usa una grabadora para atraparte. Luego practique reorganizando sus palabras, usando un lenguaje más preciso, hasta que pueda decir lo que quiere decir, sin divagaciones. Los cursos de oratoria también pueden ayudar aquí.

Capítulo 4

NO-VERBAL COMUNICACIÓN

Comunicación no verbal

Poder leer la comunicación no verbal de los demás es probablemente uno de los mejores activos que cualquiera puede tener. Leemos otros, más por lo que muestran con su comunicación no verbal o lenguaje corporal, que por cualquier cosa que digan verbalmente.

La comunicación no verbal, el lenguaje corporal y el estudio científico de la kinésica leen los movimientos y sonidos corporales inconscientes de una persona que incluyen:

- Tono de voz;
- Expresión facial;
- Postura;
- Contacto visual;
- Tocando;
- Gestos;
- Distancia espacial;
- Ropa.

Es esencial escuchar y comprender la comunicación no verbal de los demás. Las únicas personas que pueden mentir consistentemente con su lenguaje corporal (y salirse con la suya) son estafadores y mentirosos compulsivos. Esto es porque incluso ellos creen las mentiras que están diciendo.

Nuestro lenguaje corporal generalmente coincide con nuestra personalidad. Podemos identificar personas tímidas e inciertas por la forma vacilante en que actúan. Sus cuerpos muestran la derrota; hay poco contacto visual; sus voces son suaves y sus gestos son nerviosos (mordiéndose las uñas, retorciéndose las manos o volteándose el pelo). Toman el menor espacio posible o usan una sonrisa fija.

Otros se tapan la boca cuando hablan o usan gestos nerviosos, como tocarse el pelo o arañarse. Sus cuerpos dicen: *'No me escuchen. No estoy seguro de lo que estoy diciendo.'* O peor, *'Estoy mintiendo,'* (incluso si no lo están haciendo).

Identificamos a las personas deprimidas por su postura encorvada, la falta de contacto visual y expresiones faciales tristes. Las personas seguras de sí

Tratando con cónyuges y niños difíciles

mismas se identifican por la forma en que se portan ellas mismas, hacen contacto visual con facilidad, su sonrisa rápida y su capacidad para mostrar emoción.

Los colores también hacen la diferencia. Cuando las personas no se sienten bien, a menudo lo anuncian a otros usando colores opacos que pueden hacer que se vean aún más enfermos.

Aquí hay algunos ejemplos de cómo leemos el lenguaje corporal:

Mientras almuerza con un amigo, tu nota que ella tiene algo de comida en la comisura de la boca. Tú le gustaría llamar ella atención de una manera no embarazosa. Tu toma su servilleta y limpie su cara, pero también mire la cara de su amigo donde está la comida. Automáticamente, ella también se limpiará la cara, pero no puede explicar por qué lo hizo.

La postura de una persona muestra cómo se siente la persona sobre sí misma o sobre la situación. Por ejemplo, si el cuerpo de la persona se encoge o se desploma sobre sí mismo, la persona podría estar cansada, relajada o deprimida.

La persona da poco contacto visual. A menudo se pensó erróneamente que esto transmitía un comportamiento inestable o que la persona carecía de confianza en sí misma. Este no es siempre el caso, pero puede indicar timidez o puede ser cultural, cuando la persona muestra respeto por personas mayores o que ocupan puestos de autoridad.

Los hombres europeos cruzan las piernas en la rodilla: los estadounidenses cruzan las piernas haciendo un '4' con las piernas.

Cuando estamos interesados en lo que otros dicen, nos inclinaremos hacia adelante, como lo haremos cuando deseemos hablar a continuación.

Cuando se los golpea con una pregunta difícil, es probable que los hombres pongan sus manos frente a ellos en una posición de "hoja de vida"; las mujeres cruzan los brazos sobre el pecho. Ambos son signos de ser atacados.

Cuando las personas sienten que están en una posición de poder, a menudo muestran dominio al interrumpir deliberadamente a los demás, se paran con los pies a horcajadas, las manos en las caderas (postura de los padres). Utilizan el sarcasmo para desinflar a otros o no se apartan cuando están en curso de colisión con otros. Mantienen el contacto visual por más tiempo de lo que es cómodo para el receptor o se inclina sobre otros mientras verifican su trabajo.

Los hombres que quieran demostrar su poder pondrán sus pies en un escritorio (pero no los quitarán cuando alguien entre en la habitación). Las personas ávidas de poder ocupan más espacio de lo que deberían en sillas, sofás o bancos.

El cabello se asociaba tradicionalmente con el poder, por lo que el hombre que acaricia cariñosamente su barba cada vez que la guapa camarera está cerca, muestra poder. Él no solo muestra poder, sino también sexualidad. Cuando la camarera llega a él mesa para volver a llenar el café, su postura rígida y sus cejas levantadas identifican que no está impresionada. Si ella está interesada, es probable que toque su cabello y darle al hombre contacto visual directo.

Cuando algunas mujeres están nerviosas o distraídas giran el cabello con los dedos. Si están coqueteando con un hombre, generalmente tocarán, acariciarán o sacudirán su cabello.

¿Qué le estás diciendo a otros con tu comunicación no verbal? Mirar a la gente es entretenimiento barato, porque todo lo que necesitas es un poco de tiempo libre, ¡pero qué experiencia de aprendizaje es! Un buen libro sobre este tema es: Entendiendo la conversación corporal, de Thomas G. Aylesworth.

El apretón de manos

Estrechamos las manos de la gente; un importante intercambio no verbal Originalmente, esta comunicación significaba que estábamos extendiendo nuestra mano de arma vacía a otros para demostrar que veníamos en paz. Ahora significa que estamos dando nuestra palabra, que el intercambio a seguir está por encima de todo y somos confiables. También se usa como un saludo formal.

Las mujeres deben practicar darles la mano a los demás hasta que se sientan cómodos extendiendo un firme apretón de manos. Con demasiada frecuencia, cuando las parejas se encuentran, los hombres se dan la mano, pero las mujeres no. Deben extender su mano y presentarse (si su compañero no). *'Hola, soy Mary Smith.'* Y muchos hombres solo sostienen las puntas de los dedos de las mujeres cuando dan la mano, en lugar de darle la mano.

Las diferencias culturales deben ser observadas. En Oriente Medio, los hombres generalmente no dan la mano a las mujeres, por lo que responden torpemente cuando una mujer más liberada ofrece mano.

Notarás que cuando dos hombres competitivos se dan la mano, pondrán sus manos lo más lejos posible dentro la mano del otro hombre. Esto es para que el otro hombre no pueda apretar los dedos y parezca tener la *"ventaja"*. Para demostrar superioridad, un hombre girará la mano del otro después de haber agarrado para asegurarse de que su mano está en la parte superior con la otra mano hacia arriba.

Burbujas de espacio

Todos tenemos una "burbuja espacial" de seguridad a nuestro alrededor. Para la mayoría de las personas, esta burbuja se extiende alrededor de 18 a 24 pulgadas (45 a 60 cm) de distancia de sus cuerpos. Llenar el espacio personal con un gesto hace que parezcan tener confianza. On the other hand, making themselves appear smaller, signals timidity.

Hay varias distancias normales que guardamos entre nosotros y otros. Primero hay:

Distancia íntima

Solo las personas en las que confiamos son bienvenidas dentro de nuestra burbuja espacial. Esto es más que una distancia física, es mental también. Damos la bienvenida a personas cercanas y queridas por nosotros en este espacio, pero a menudo también tenemos que aguantar a los demás en este espacio. Hay cientos de casos en los que tenemos que tolerar esta cercanía. Esto puede ser en un teatro, en un autobús, en un seminario o en un ascensor.

Mira a los demás cuando estás en un ascensor. ¿Ocupan el menor espacio posible? Tan pronto como la multitud se adelgace, las personas se moverán automáticamente para dejar más espacio entre los ocupantes. Si tocan a la persona que está junto a ellos, automáticamente afirmarán: "Oh, lo siento", y darán más espacio. Esto también podría suceder si tocan a alguien en un teatro o en una caja registradora.

Muchos invaden el espacio de otro cuando se paran detrás de una persona mientras trabajan. Este hace que la persona observada se sienta muy incómoda, porque la persona está haciendo dos cosas perturbadoras. Su lugar más vulnerable física y psicológicamente está detrás de ellos. Entonces, cuando una persona se para detrás de ellos, se sienten incómodos. Esto generalmente se ve agravado por el hecho de que la persona generalmente invade su espacio al mismo tiempo. Entonces, si debes observar el trabajo de alguien, hazlo desde un lado, no desde atrás.

Distancia personal

Este es el espacio que la gente generalmente mantiene entre ellos y los demás cuando tienen suficiente espacio para estar cómodos. Esto es en cualquier lugar entre dos y medio y cuatro pies (75 cm - 1.2 metros) dependiendo de su zona de confort y qué tan bien conocen a la persona.

Distancia social

Esto es de cuatro a siete pies (1.2 - 2.13 metros) de distancia de los demás. Esto podría ser sentarse en sillas o sofás uno frente al otro.

Distancia social lejana

Esto podría suceder en una fiesta grande o ser la distancia entre un orador y su público.

Supremacía territorial

No solo tenemos burbujas de espacio a nuestro alrededor, sino que la propiedad se extiende a todo lo que sentimos que nos pertenece. Este puede ser nuestro dormitorio, cocina o taller, nuestro automóvil o bote o nuestro cepillo y peine. Otros pueden usar estos artículos solo cuando les hayamos dado permiso para hacerlo. Es por eso por lo que reaccionamos tan violentamente cuando alguien toma algo que nos pertenece sin permiso.

Las personas tienen una ventaja psicológica cuando están en su propio *"territorio"*. Esta es la razón por la que las personas se sienten más cómodas en su propio entorno: en su propio *"territorio"*. El siguiente espacio más cómodo es neutral (como un restaurante, una playa o un lugar que no *"pertenece"* a ninguna persona). El lugar menos cómodo (en lo que se refiere a la confianza en sí mismo) normalmente está en el 'territorio' de la otra persona. Tenga esto en cuenta si espera una confrontación con otra persona. Si es posible, tenga la confrontación en su propio *"territorio"*.

Contacto visual

El contacto visual es más que solo contacto visual. Es más, como contacto facial. Observamos las expresiones faciales de la gente y leemos sus labios para captar lo que dicen. El contacto visual cómodo es de tres segundos, luego la persona mira hacia otro lado. Si mantienes el contacto visual por más de tres segundos, invadirás el espacio corporal de otro, tan fácilmente como si los hubieras tocado. Muchas personas agresivas usan esto para intimidar a los demás. Podrían estar a quince metros de ti, pero aún sentirás la invasión de tu espacio por parte de esa persona.

Puede recordar haberlo usado usted mismo cuando ha estado muy enojado con alguien. Los miraste a los ojos mientras hablabas con ellos. Si una persona dice: *'Me estaba disparando dardos,'* probablemente esa persona estaba haciendo contacto visual por más de tres segundos. Probablemente tenía una expresión malvada en su rostro para reforzar el contacto visual prolongado.

Tenga en cuenta que el sexo de una persona puede afectar la cantidad de contacto visual que intercambian. Cuando una mujer está hablando con un hombre, ella lo mira a los ojos cuando él le está hablando, pero no cuando ella le está hablando. Los ojos parpadeantes pueden significar que la persona está mintiendo o que podrían estar nerviosos. Los ojos que no parpadean con el contacto visual podrían significar que la persona está mintiendo y está pendiente de la reacción de la otra persona. No saque conclusiones, porque tal vez solo estén muy interesados en lo que ellos tienen que decir.

Un guiño podría mostrar intimidad o falta de seriedad. Lo usarías cuando le dices una "pequeña mentira" a un niño y quieres que sus padres sepan que lo estás haciendo.

Cuando desea influir en un grupo a su punto de vista o cuando está vendiendo algo, el contacto visual inquebrantable es esencial. Al ser criticado, trate de mantener el contacto visual sin entrecerrar los ojos, una acción de defensa normal que retrata la expresión *'¡Oh sí, ya veremos sobre eso!'*

Acostado

Cuando las personas se sienten orgullosas de lo que han logrado, están abiertas con su lenguaje corporal. Muestran sus manos abiertamente. Cuando se sienten culpables o suspicaces, esconden sus manos en sus bolsillos o detrás de sus espaldas.

Los mentirosos tienden a usar menos palabras y usan oraciones más cortas. Se detienen más a menudo; el tono de sus voces aumenta o sus ideas son vagas. Para tratar de hacer creer a los demás, generalmente pondrán sus manos sobre su pecho (un signo no verbal de honestidad). La mano en el gesto de cofre cuando es utilizada por mujeres es un gesto protector que muestra sorpresa o choque.

El lenguaje corporal adicional identifica si la persona está mintiendo. Esté atento a una combinación de estos. Él o ella:

• No te mira (generalmente mira hacia abajo);

• Destellea rápidamente los ojos;

• Tragar repetidamente;

• Despejar la garganta y los labios mojados a menudo;

• Cúbrete boca cuando hable;

• Encogerse de hombros;

• Frota la nariz;

• Rascarse cabeza mientras habla;

• Pon mano en su garganta

• Frota la parte posterior del cuello.

La última señal es la señal más obvia cuando muchos hombres mienten. También se frotarán la parte posterior del cuello mientras dicen la mentira, o dentro de los sesenta segundos de cuando hayan dicho una mentira. (Así que damas, miren el lenguaje corporal de su hombre si creen que está mintiendo). Sin embargo, no saque conclusiones: busque otras señales de mentira para acompañar este mensaje. Frotarse la parte posterior del cuello también puede significar que está exasperado con la situación, se siente impotente o simplemente tiene un cuello con comezón.

Qué hacer cuando su hijo miente

En general, los niños comienzan a acostarse alrededor de la edad de dos y medio o tres, generalmente para encubrir los malos comportamientos. Si mienten, no es una señal de que se están convirtiendo en delincuentes, sino que están desarrollando habilidades psicológicas importantes. Una de estas habilidades es la capacidad de saber que otras personas podrían tener creencias diferentes de ellos. Su hijo sabe muy bien que rompió su jarrón, pero usted no. Su hijo tiene que ocultar la verdad, planear un escenario alternativo, contarle al respecto y recordar su mentira. También mienten porque no tienen amplias habilidades de razonamiento. Los niños son emocionales e impulsivos, razón por la cual, a pesar de sus instrucciones de no hacerlo, seguirán golpeando a sus hermanos. Luego, cubren sus errores mintiendo para evitar ser castigados. Los niños mienten mucho porque no pueden evitar desafiarte, pero no quieren sufrir las consecuencias.

¿Qué debe hacer si atrapa a su hijo en una mentira? Las mentiras a menudo van de la mano con el mal comportamiento, por lo que debe separar las dos en su mente. Debe abordar el hecho de que su hijo rompió el jarrón y que mintió al respecto, pero no combine los dos. Si su hijo rompió el jarrón, pero fue sincero al respecto, usted debe elogiar a él / ella por decir la verdad. *'Me complace que hayas admitido haber roto el jarrón, pero todavía estoy preocupado.'* Habla sobre la importancia de ser honesto. La confianza es importante.

No castigue a los niños, especialmente a los niños en edad preescolar por mentir, porque a menudo no entienden completamente el concepto de honestidad y confianza. Castigar a un niño por mentir puede ser contraproducente porque los niños entienden que solo son castigados si los atrapan mintiendo, por lo que pueden seguir mintiendo, pero tengan más cuidado al respecto. Por el contrario, alabe a sus hijos cuando son honestos. Los niños criados en ambientes punitivos donde son castigados ya sea verbalmente o físicamente, son más propensos a mentir que los niños castigados con tiempos muertos o regaños.

Practique lo que predica. No esperes que tus hijos sean honestos si no lo eres.

Sonriente

No todas las sonrisas son iguales. Existen diferencias físicas sutiles entre las sonrisas auténticas y las que se ponen para el beneficio de otra persona.

La verdadera sonrisa de disfrute implica movimiento alrededor de los labios, los músculos alrededor de los ojos se contraen (tirando de la piel hacia abajo entre las cejas y los globos oculares) y las cejas bajan ligeramente. La sonrisa falsa o insincera no incluye el movimiento de la piel alrededor de los ojos, los labios se pueden estrechar o el labio se puede encrespar.

No hay nada de malo en sonreír si se complementa con su mensaje hablado, pero si su sonrisa es nerviosa o forzada, emitirá señales confusas. En los primates, sonreír es son gestos de apaciguamiento utilizados por los animales más débiles como una forma de pedir un tratamiento más amable a los animales más poderosos. En los humanos, a menudo es la forma de suavizar un mensaje. Pero cuando la gente sonríe mientras habla en serio, el mensaje es: *'Por favor, como yo.'* Este afán de agradar puede parecer una incertidumbre.

Hábitos

Todos somos criaturas de hábito. Puede reírse de lo siguiente (esto no funcionará para aquellos que viven solos). Siéntese en el lugar de otra persona en la mesa o donde otros usualmente se sientan mientras miran televisión. No digas nada, solo hazlo y observa las reacciones de los demás.

Cuando visite a personas mayores, sabrá cuándo está sentado en la silla favorita de alguien al observar el lenguaje corporal de la persona. Por favor, ofrézcales ellos silla favorita.

Comienza a rebuscar en la cocina de una mujer y escucharás comentarios como: *'¿Dónde pusiste el colador?'* En el taller de un hombre, escucharás: *'Quién ha estado en mi caja de herramientas.'* Si algo está fuera de lugar, ellos lo notaré

Toca o no toca

A menudo ponemos nuestra mano en el brazo o el hombro de una persona en dificultad. Si son amigos cercanos, parientes, niños o personas mayores, podríamos ponerles un brazo alrededor de su hombro o abrazarlos para darles consuelo.

El libro: ***El lenguaje silencioso,*** del Dr. Edward T. Hall, muestra que el condicionamiento y los antecedentes culturales afectan fuertemente nuestras respuestas del lenguaje corporal. Si trabajas con personas de otras culturas, vale la pena leerlo. Por ejemplo, los italianos se tocan entre sí con mucha más frecuencia que aquellos en América del Norte que se distancian de esta familiaridad percibida. Ellos piensan que los italianos son agresivos y, a su vez, los italianos los consideran fríos o reservados.

La gente de Arabia piensa en una persona como un punto en algún lugar dentro del cuerpo, por lo que a menudo se mantienen extremadamente cerca y sin embargo no sienten que están invadiendo la privacidad de nadie. De hecho, consideran cortés estar lo suficientemente cerca como para respirar mientras hablan. También deben hablar cara a cara y les resulta difícil mantener una conversación mientras caminan lado a lado con un compañero.

Cuando las personas son hospitalizadas, dos de las cosas que más les disgustan son sentimientos de aislamiento y falta de tacto físico reconfortante. Están en territorio desconocido; Pueden sentirse aprensivos, asustados y temerosos de lo que sucederá o les habrá ocurrido. Los trabajadores del hospital pueden darles el toque curativo que puedan necesitar dándoles un masaje al final del día.

Esto es cuando una palmada cariñosa en el hombro o un amigo que sostiene una mano no solo es bienvenido, sino que a menudo es necesario para una pronta recuperación. Nada combate la soledad de estar en el hospital, que tener seres queridos les da su toque reconfortante cuando es necesario. Complete esa necesidad cada vez que visite a alguien en el hospital. Incluso un amigo casual te da la bienvenida con una palmada en el brazo o algún otro gesto físico que demuestre que te preocupas por ellos y quieres consolarlos.

Argumentos

Si necesita arbitrar una discusión, evalúe su conocimiento del lenguaje corporal. Si observa que hay observadores en una discusión, es posible que no quieran involucrarse ni expresar una opinión, pero lo harán de todos modos porque su lenguaje corporal te dirá de qué lado están. Si han tenido la oportunidad de aprender todos los hechos sobre el caso, automáticamente tomarán partido. Cuando esto sucede, copian el lenguaje corporal de la persona que creen que está en el derecho.

Por ejemplo, si una persona en el argumento tiene sus manos sobre sus caderas y la otra tiene sus brazos cruzados frente a él, la persona que pone sus manos sobre sus caderas está del lado de la primera persona. Si una persona no ha tomado una decisión sobre el lado en el que se encuentra, mostrará un lenguaje corporal diferente al de los dos combatientes.

Cuantos más observadores haya, mejor será, porque sin saberlo elegirán lados.

El uso de la intuición y las corazonadas

Ocasionalmente, cuando leemos el lenguaje corporal de otra persona, entra en juego otra habilidad de comunicación no verbal. Las mujeres llaman a esta habilidad intuición. La mayoría de los hombres lo llaman su reacción o tienen una 'corazonada'. De repente, tienen la sensación de que realmente deberían o no deberían hacer algo, aunque no pueden identificar por qué sienten eso. Intentan encontrar hechos para explicar sus sentimientos, pero a menudo no pueden.

Muchos de nosotros nos burlamos de este destello de información y descartamos nuestros sentimientos intuitivos porque no podemos encontrar ningún hecho que respalde nuestras reacciones. Tuve este fenómeno explicado de esta manera. Tenemos dos cerebros (no, no me refiero a la teoría del cerebro izquierdo / derecho). Uno es nuestro cerebro consciente. Mantiene datos actualizados disponibles para una fácil referencia. Pienso en esto como el software de mi cerebro.

El otro es nuestro cerebro subconsciente que es muy superior al cerebro consciente. Guarda todos nuestros recuerdos, aquellos que recordamos conscientemente y aquellos que hemos enterrado en los recovecos de nuestras mentes. Pienso en esto como mi disco duro. Estaría loco si no usara el mejor equipo disponible para mí (mi cerebro subconsciente) porque tiene un banco de memoria muy superior a mi software de menor grado (cerebro consciente). Cuando escucho mi intuición, estoy usando mi disco duro que tiene un banco de memoria superior. ¿No tiene sentido escuchar al mejor?

A veces, cuando tenemos sentimientos intuitivos, podemos preguntarnos cómo surgieron las fuertes convicciones que a menudo acompañan a nuestros pensamientos intuitivos. Por ejemplo, te encuentras de repente sintiéndote incómodo con otra persona. Tu incluso puede sentirse amenazado y, sin embargo, cuando examina conscientemente a la persona, no puede determinar por qué siente su malestar.

¿Deberías estar escuchando tus sentimientos intuitivos? ¡Por supuesto que deberías! Cuando te dice algo, escúchalo porque rara vez está mal. La única vez que no he escuchado mi intuición fue cuando le di a alguien aversión instantánea. Después de retroceder, me di cuenta de que esta persona se parecía físicamente a otra persona que no me gustaba y desconfiaba. Al desactivar mis sentimientos intuitivos, aprendí que la persona estaba bien.

Probablemente puedas recordar cuándo algo sobre una persona te molestó y tus instintos me dijeron que tengas cuidado. Tu puede o no haber escuchado estos instintos y posiblemente sufrido las consecuencias.

Recuerdo un incidente en el que se me ocurrió mi intuición. Mientras conducía, estaba pasando por algunos autos estacionados y creí ver un movimiento frente a uno de ellos, pero cuando me acerqué no vi nada. Sin embargo, sentí la necesidad de detenerme y verificarlo. Lo que descubrí me ha perseguido durante años: lo que vi arrastrándose desde detrás del automóvil estacionado (y habría estado justo delante de mis ruedas cuando pasé) era un bebé que se arrastraba por el camino. Puse mis luces intermitentes de emergencia en mi automóvil e intenté determinar de dónde venía el bebé y vi una acera que conducía a las escaleras y una puerta abierta a una casa. Recogí al bebé, fui a la puerta, toqué el timbre y una mujer joven que me miró abrazando a su bebé me saludó y me preguntó: *'¿Qué estás haciendo con mi bebé?'*

Señalé mi auto y le conté ella la historia. Ella me dio las gracias profusamente y me prometió que cerraría la puerta para que el bebé no pudiera escabullirse de nuevo.

Capítulo 5
PROBLEMAS DEL MATRIMONIO

Consejería prematrimonial

A la mayoría de nosotros nos lleva muchos años de preparación prepararnos para nuestras carreras, pero ¿cuánto entrenamiento obtenemos para prepararnos para dos de los eventos más importantes en nuestras vidas: elegir un compañero y tener una familia?

Cuando una pareja se casa, dejan de pensar solo y cambian la mayoría de los aspectos de sus vidas existentes. Ahora se enfrentan a la vida juntos, unidos por el amor, pero permaneciendo dos individuos distintos. Como pareja, se confiarán unos a otros, dependerán unos de otros, tendrán nuevas responsabilidades entre ellos, crearán nuevos lazos familiares, desarrollarán un hogar estable y manifestarán los signos de su amor: sus hijos.

El ingrediente principal para un matrimonio exitoso es para darse el uno al otro confianza y amor incuestionables. Esto significa no solo compartir ideas, sino ser abiertos y honestos cuando se comunican entre ellos. Las parejas logran esto al estar en contacto con lo que realmente sucede dentro de ellos mismos y estar dispuestos a compartir esos sentimientos entre ellos. Esto elimina la manipulación y da como resultado una comunicación honesta y ***directa.***

Hay muchas preguntas que una pareja debería hacerse antes de dar el gran paso hacia el matrimonio. Muchas de estas preguntas deberían ser formuladas por parejas que están contemplando vivir juntas. Desafortunadamente, si las parejas no tienen una fuerte afiliación religiosa, a menudo se encuentran en un callejón sin salida al tratar de encontrar a alguien que les ofrezca asesoramiento prematrimonial. Las parejas a menudo se llevan una gran sorpresa si se olvidan de hacerse preguntas cruciales sobre lo que esperan de su relación. Como alternativa, podrían prepararse para el matrimonio siguiendo estos pasos:

a) Cada socio responde en privado a las siguientes preguntas en papel.

b) La pareja se reúne y analiza cómo respondieron cada pregunta.

c) La pareja hacen concesiones cuando es necesario.

Estas son algunas preguntas que las parejas deben discutir ***antes de*** casarse:

(Estos son extractos de mi libro: ***Antes de atar el nudo - ¡Preguntas que las parejas deben hacerse entre ellos antes de casarse!***) Que tienen más de 200 preguntas para quienes consideran vivir juntos o casarse).

- ¿Siento que debemos vivir juntos antes de casarnos?
- ¿Cuánto tiempo deberíamos conocernos antes de considerar el matrimonio?
- ¿He estado casado antes? Explique.
- ¿Alguna vez he tenido hijos? Explique.
- ¿Qué parte jugarán en nuestras vidas?
- ¿La esposa conservará su apellido de soltera? ¿En casa? ¿En el trabajo?
- ¿Creo que una esposa debería quedarse en casa con los niños?
- ¿Cuánto dinero tendremos que vivir? ¿Tu salario? ¿Mía?
- ¿Cómo gasto mi dinero?
- ¿Deberíamos ambos tener la misma voz en todas las decisiones familiares?
- ¿Alguna vez tuve antecedentes penales?
- Soy un roncador. (Esto ha causado muchas rupturas matrimoniales).
- ¿Qué posesiones traeré a nuestro hogar?
- ¿Me siento cómodo discutiendo mis sentimientos más íntimos contigo?
- ¿Me gusta que me toquen, en público, solo cuando hay privacidad?
- ¿Cuánto tiempo privado necesito normalmente?
- ¿Cómo me llevo con mis padres: ¿hermanos y hermanas, otros parientes?
- ¿Qué tipo de niñez tuve?
- ¿Con qué frecuencia me gustaría entretener: ¿tus amigos, mis amigos?
- Cuando estamos casados, ¿cuánto tiempo pasaré con 'las niñas / niños?'

Segundos matrimonios

- ¿Firmaremos un acuerdo prenupcial? Si es así, ¿cuándo y qué incluiría?
- Si su pareja tiene hijos de un primer matrimonio, ¿cómo se lleva con ellos?
- ¿Cómo te sientes al levantar / disciplinar a los hijos de tu pareja?
- Si tiene hijos de un primer matrimonio, ¿su pareja se lleva bien con sus hijos?
- ¿Qué parte juega tu 'ex' en la vida de los niños?
- Si hay hostilidad en alguna de estas situaciones, ¿será necesaria la asesoría familiar?

- ¿Viviremos en tu casa? ¿Mi hogar? ¿Encuentra otro?

Para mis lectores casados: ¿Cuántas de las preguntas anteriores discutiste con tu cónyuge antes del matrimonio? ¿Hubo alguna que usted sepa que debería haber discutido, porque ha habido problemas?

¿Qué tan preparado estás para la segunda parte - tener una familia? ¿Tienes suficiente experiencia para criar a tus propios hijos? ¿Tenías hermanos y hermanas más jóvenes para practicar? ¿Cuidó a los niños de otros padres para aprender sobre el cuidado de niños? Ambos padres potenciales deberían haber estado expuestos a la crianza de los hijos. Si no lo hacen, deberían obtener esta exposición al estar cerca de otros padres con niños para observar cómo manejan a sus hijos. Muchos centros comunitarios ofrecen clases de cuidado infantil que preparan a los padres para sus hijos.

Cuando llega el primer hijo de una pareja, muchos maridos creen que sus esposas prestan más atención a sus bebés que a ellos. A menudo, la vida sexual de la pareja no vuelve a la normalidad hasta un año después del nacimiento de su hijo. Si la esposa tiene dificultades para dormir cuatro horas por noche, el resultado natural es que probablemente esté demasiado cansada para tener relaciones sexuales en cualquier momento.

Es por eso por lo que es tan importante para el esposo ayudar a su esposa con la miríada de nuevos deberes que acompañan a la llegada del bebé. Esto incluye levantarse con el niño durante la noche o asegurarse de que alguien más lo haga. Entonces, si ambos trabajan juntos, tendrán más tiempo el uno para el otro.

Funciones de crianza de los hijos / hijos y cuidado en el hogar

Tradicionalmente el trabajo de un hombre era ser el sostén de la familia. El trabajo de la mujer era el hogar y el cuidado de niños. La investigación nos dice que cuando los hombres con puntos de vista tradicionales se casan, la mayoría no tiene la intención de cambiar la rutina de sus vidas. Se dan cuenta de que harán las mismas cosas, pensarán lo mismo y serán la misma persona, pero como un hombre casado. En el pasado, las mujeres a menudo remodelaron sus personalidades para ajustarse a los deseos, necesidades y demandas de sus maridos. Esto ha cambiado drásticamente en la mayoría de los hogares.

Un esposo tradicional cree que solo debe haber un sostén de familia y que perderá la vida si su esposa va a trabajar. En estos hogares, incluso si trabajan fuera del hogar, las mujeres continúan haciendo la mayoría de las tareas domésticas y la crianza de los hijos.

Las encuestas indican que hoy en día, los hombres están haciendo **menos** tareas domésticas que en la década de 1970. Los hombres lo intentaron, pero no gustó.

Las mujeres que trabajan todavía pasan un promedio de dos horas y media al día en comparación con los hombres que pasan una hora al día haciendo las tareas del hogar.

Algunos maridos se han escuchado exclamar: *'¿Qué quieres decir? Te ayudo en la casa.'* Este es el mismo esposo que, cuando su esposa regresa al trabajo, quien saca la basura una vez a la semana. En realidad, este hombre no está ayudando a su esposa, se está ayudando a sí mismo, simplemente haciendo de su parte. Ahora que las mujeres comparten los deberes de ganar pan, creen que los hombres también deberían compartir los deberes del hogar y el cuidado de los niños.

Numerosos problemas surgen de que implican el mantenimiento de la casa. Algunos padres tienen un tiempo tan estresante en el trabajo que les queda poca o ninguna energía para ayudar en casa. Muchos padres jóvenes pasan muchas horas en el trabajo o llevan a casa más trabajo. No tienen nada al final del día para las responsabilidades de cuidado en el hogar y los niños. Es posible que uno (o ambos) no tenga tiempo para hacer su parte de tareas domésticas, de jardín y de cuidado infantil. La persona en este puesto debe contratar a alguien para que haga su parte del trabajo o pague a otros miembros de la familia para que lo hagan. *Si es el esposo o la esposa, la persona que no hace su parte paga el salario del asistente.*

Muchas esposas que trabajan se preguntan cómo pueden mantenerse al día con su doble carga de trabajo. Un hecho irrompible es que la vida de muchos hombres es mucho más fácil porque vuelven a casa con una persona cariñosa, afectuosa. Esta persona es su esposa Es desafortunado que todas las mujeres que trabajan no tengan este lujo también. Si lo hicieran, perderían la mitad de sus frustraciones y sentimientos de "perder algo" en sus vidas.

Los hombres están aprendiendo que nutrir no tiene que ser un rasgo exclusivamente femenino, sino que también puede ser un rasgo muy masculino. Estos son los maridos que ven a sus esposas arrastrándose a sus hogares desde el trabajo y dicen*: '¿Fue un día difícil? ¿Qué tal una taza de té o una copa de vino?'* O, *'¿Quieres media hora para ti mientras preparo la cena?'* ¿No es esto lo que las buenas esposas tradicionalmente hacen por sus maridos?

Manteniendo los incendios en el hogar

Un hombre y una mujer son y siempre permanecerán, individuos. El matrimonio no cambia este hecho y solo puede ser fuerte si cada pareja es fuerte como individuo. Desafortunadamente, los rasgos que primero te atraen a un compañero también te pueden perjudicar más tarde. Las virtudes iniciales de un compañero a menudo se convierten en defectos después de la exposición diaria.

Por ejemplo,

- Un compañero que originalmente considerabas excepcional porque era muy cuidadoso, ahora parece quisquilloso.
- A otro, que recibió una calificación alta por su sentido del humor, ahora se lo culpa por actuar de manera infantil.
- Una mujer originalmente atraída por un hombre poderoso, descubre que ella ahora resiente ese poder.
- Un hombre atraído por una mujer despreocupada o espontánea la encuentra ella impredecible.
- Una mujer que inicialmente pensó que un hombre exitoso era atractivo, lo caracterizó más tarde como un adicto al trabajo.
- Un hombre anteriormente hechizado por una mujer sexy, la rechaza porque ahora la ve como una coqueta.

Movimiento de mujeres

Mujeres como Betty Friedan y Germaine Greer fueron la vanguardia del movimiento de mujeres. Conmocionaron al mundo resistiendo la desigualdad y desafiaron a aquellos con autoridad para aceptar la igualdad de las mujeres. Sus tácticas de choque funcionaron y la mayoría de las mujeres estaban muy agradecidas por sus corajes pionero.

La investigación indica que las mujeres captaron el mensaje al principio de sus vidas, que podían administrar el hogar y el empleo siempre que dedicaran suficiente esfuerzo. Esto estaba sucediendo mientras los hombres estaban asumiendo las tareas domésticas mundanas para las cuales no tenían entrenamiento, lo que les desagradaba y nunca se esperaba que desempeñaran en sus vidas.

Aunque ha habido muchos cambios favorables, es una batalla constante para superar y cambiar las inequidades que aún existen. Por ejemplo, recientemente, los tribunales ofrecieron a los jueces cursos especiales para eliminar los prejuicios contra las mujeres en sus tribunales. Muchas compañías en Canadá están ignorando una decisión del Tribunal Supremo de Canadá en 1989, que las empresas tienen la obligación de extender los beneficios de licencia por enfermedad a las empleadas embarazadas, si su salud les exige mantenerse lejos del trabajo.

Los empleadores confían en la ignorancia de los empleados que a menudo desconocen sus derechos. Las compañías de seguros no brindan beneficios de acuerdo con esta decisión. Hasta que reciban las quejas, no hay ningún incentivo para que las compañías de seguros paguen.

Maldito si lo hacen, maldito si no lo hacen

Algunas mujeres se sienten culpables porque se quedan en casa después de tener hijos. Algunos que vuelven al trabajo se sienten culpables porque lo hicieron. Muchas mujeres admiten que no volverían a trabajar a tiempo completo si no pudieran permitirse no hacerlo. Sus esposos aún pueden encontrar comentarios como: *'¿Cómo es que su esposa volvió al trabajo? ¿No gana lo suficiente con su salario?'*

Cuando algunas mujeres vuelven al trabajo, escuchan declaraciones como: *'No deberías volver a trabajar, tus hijos te necesitan, dependen de ti.'* O *'¿Por qué tienes hijos? ¿Si todo lo que querías era para educarte y volver al trabajo?'*

Sus padres, las leyes y las amigas que no trabajan en el vecindario pueden ofrecer una variedad de razones generadoras de culpabilidad por las cuales las mujeres no deberían regresar al trabajo o volver a la escuela para mejorar. Las mujeres deben reconocer que los demás no tienen derecho a decirles lo que deben o no deben hacer con sus vidas. Las madres mismas son las únicas equipadas para decidir.

Los estudios psicológicos muestran que los hijos de madres que trabajan se desarrollan tan bien (y algunas veces mejor) que los niños con madres a tiempo completo en el hogar. La creencia de que la unidad familiar se está desmoronando se está generalizando cada vez más y se cita a menudo el regreso de las mujeres a la fuerza de trabajo como la causa de este colapso. La premisa era que las mujeres estaban tan presionadas por el manejo de sus dos llenos de tensión roles

En familias donde todos trabajan en equipo, esto simplemente no es verdad. En el pasado, cuando las mujeres se quedaban en casa con sus hijos, rara vez, o nunca, los ayudaban en casa; eso simplemente no se esperaba de ellos. Cuando las madres trabajan fuera del hogar, todos aprenden a colaborar, lo que genera responsabilidad y trabajo en equipo en los niños.

Es lo importante que una mujer ame a sus hijos, cuán preocupada e involucrada esté con ellos y cuán feliz se siente con su vida (no si trabaja o se queda en casa).

Movimiento de los hombres

¿Pero qué hay de los hombres? ¿Cómo se han adaptado a los cambios causados por el movimiento de mujeres? Muchos hombres están de acuerdo en que ya es hora de que haya más protección para las mujeres y los niños contra los abusos y las desigualdades. Sin embargo, para muchos otros hay un movimiento de hombres en marcha. Estos son hombres a quienes les gusta la idea de ser hombres, pero no están seguros de que lo hagan de la manera correcta. La definición de lo que significa ser hombre ha cambiado casi tan rápido como la idea de lo que significa ser mujer.

La mayoría de los hombres aprendió cómo ser un hombre de sus madres. Como me explicó un hombre, *'Los hombres hasta cierto punto, les temen a las mujeres y las mantienen asombradas. Cuando lo piensas, esta no es una idea tan única. La mayoría de nosotros hemos tenido madres, quienes, en la primera parte de nuestras vidas, fueron responsables de todas nuestras necesidades y pudieron dar (o retener) afecto y aprobación. Y dado que las madres son el primer modelo de cómo tratamos con las mujeres, se sigue que nos sentimos un poco inferiores a ellas. Esta puede ser la causa raíz de la mayoría de las humillaciones que sufren las mujeres y del abuso de las mujeres que está tan presente en nuestra sociedad.'*

No solo están confundidos acerca de los cambios que les están sucediendo a las mujeres, sino que también sienten un sentido o enojo por cómo manejó la vida su padre. Recuerdan que sus padres podrían haber pasado por una crisis, sus hijos nunca lo supieron, porque él insistió en que todo estaba bien. Aunque puede haber estado despierto por la noche preguntándose cómo podría llegar a fin de mes, por qué no recibió la promoción o por qué su compañía lo transfirió nuevamente, todo estaba *"bien"*.

No permitieron que sus esposas e hijos supieran lo que realmente estaba sucediendo. Aceptaron lo que vieron como su carga, ya que esto hizo la vida más fácil para su familia. ¡Qué existencia tan solitaria tenían!

La mayoría de los padres de los hombres llegaron a casa del trabajo, se convirtieron en figuras ocultas detrás de sus periódicos, deportes y noticias. El resultado de esto es que los hombres no aprendieron a tener una relación de confianza con otros hombres (o mujeres).

Miles de hombres están encontrando la retirada y el silencio de sus padres lo suficientemente enloquecedores como para unirse a grupos de otros hombres para discutir la gran cantidad de problemas que enfrentan. Sus discusiones giran en torno al abuso de los padres, la negligencia paternal, el movimiento de las mujeres y la incertidumbre emocional sobre lo que está sucediendo en el mundo. Muchas de estas "reuniones" involucran no solo a trabajadores manuales, sino también a abogados, vendedores y contadores.

Un libro (a menudo llamado la biblia del hombre nuevo) titulado ***John de hierro*** (un vendedor importante) identifica los *"guerreros internos"* de los hombres y reconoce el sentido de indignación de los hombres ante los cambios en la sociedad. El libro de poemas más vendido del poeta Robert Bly implica que los hombres están fuera de contacto con sus sentimientos varoniles básicos. Se concentra en el transcurrir de los buenos tiempos cuando los padres enseñaron a sus hijos las artes masculinas de la siembra, la cosecha y el saqueo.

Otro libro superventas es: ***Fuego en el estómago: en ser un hombre,*** de Sam Keen, que sugiere que para encontrarse a sí mismos, los hombres deben separarse de las mujeres. El movimiento antimonopolio intenta devolver a los hombres las cosas que sienten que perdieron durante el movimiento de mujeres.

La transición no ha sido fácil para las mujeres y no ha sido fácil para los hombres, pero debemos maravillarnos con las ventajas que se perciben al volver el reloj a la sociedad paternalista de principios del siglo XX.

PROBLEMAS SPOUSALES

Pequeños problemas diarios pueden aumentar la tensión entre las parejas. A menos que lidien con pequeños problemas, pueden acumularse y terminar enfrentando problemas realmente grandes. Aquí hay ejemplos de problemas que enfrentan muchas parejas:

Dos parejas de carrera

'Necesitamos ayuda. Mi esposa y yo tenemos un hijo de seis meses. Recientemente ella regresó al trabajo y estamos teniendo un momento terrible para adaptarnos a los cambios que ambos tuvimos que hacer. Es una lucha constante hacer todo y los dos tenemos que mantener un registro activo de quién hace qué a lo largo del día. Estamos agotados y nos preguntamos si vale la pena.'

Ambos necesitan separar su trabajo y su vida hogareña. Comience una rutina limpiando su área de trabajo antes de dejar el trabajo, lo que significa que está dejando un conjunto de responsabilidades por otro. Intenta evitar los embotellamientos. Escape de las presiones durante su viaje a casa. Escuche música, compre libros en DVD y juegue ellos mientras conduce o viaja a su casa, o medite durante varios minutos en el autobús o el tren.

Si tiene niños en casa, esté lo más preparado posible para el ataque. Ofrézcales un refrigerio nutritivo mientras se quita la ropa de trabajo.

Tenga listo un DVD favorito para no ser acosado de inmediato con las quejas y preocupaciones de los niños. Ocasionalmente, tómate un tiempo para ti. Alterne una noche con sus amigos mientras su pareja atiende las necesidades de los niños.

La mayoría de los empleadores no se han movido con los tiempos y proveen cuidado infantil. Con más de la mitad de las familias como personas con ingresos dobles, no hay nadie en el hogar que brinde cuidados en el hogar. Si uno de ellos tiene que trabajar horas extras, puede convertirse en una crisis.

Lo que los padres decidan hacer (trabajar horas extras o irse a casa a cuidar a los niños) ellos terminan sintiéndose culpables por lo que *no* están haciendo.

Los empleados dobles deben ser flexibles y tener una buena comunicación con la otra pareja (o tener un asistente sustituto de cuidado infantil si no pueden alcanzar el original) o llamar a un vecino para asegurarse de que se cuide al niño hasta que uno de ellos llegue a casa.

Aquí hay un ejemplo de una situación que le sucedió a una pareja sin hijos. Joe y Della han estado casados por poco más de un año. Normalmente, llega a casa del trabajo antes que su esposa. Tienen un acuerdo de que el primer hogar comienza la cena, pero hoy todo ha "golpeado al aficionado" en el trabajo y está muy cansado. Cuando entra a su casa, los recuerdos de ver a su madre en la puerta, acariciar su frente y llevarle comida, impregna su mente.

Sacude su nostalgia, recordándose a sí mismo que tiene decisiones que tomar. Tanto él como Della olvidaron sacar algo del congelador para cenar esa mañana. Él considera si debiera llamar para pedir comida china.

Lo que realmente quieres hacer es saltar a la bañera de hidromasaje y remojar durante quince minutos. Cuanto más lo piense, más atractiva se vuelve esta alternativa. Se promete a sí mismo: *'Seré feliz durante quince minutos, luego abordaré el problema de la cena.'*

Joe llena la bañera, se sirve una bebida y con las orejas debajo del agua, siente a través del agua la reverberación de una puerta al cerrarse. Joe apaga el agua, no oye nada, y él se acuesta nuevamente en el agua calmante. Cinco minutos después, una voz en la puerta anuncia la llegada de Della.

'Realmente tuve un día difícil. Mi jefe todavía no está contento con mi último proyecto,' ella dice con un suspiro. *'Realmente necesito una ducha, un poco de cariño y un masaje. ¿Pidió algo para la cena? Me muero de hambre por pizza.'*

Bienvenido al espléndido mundo de la pareja de dos carreras, donde ambos tienen algo que decir, pero nadie quiere escuchar. Las parejas tienen que aprender dónde radican sus prioridades y recordarse a sí mismas de su primera lealtad: la una a la otra y sus necesidades separadas. Necesitan establecer planes de contingencia donde ambos trabajen duro para mantenerse en sintonía con las necesidades del otro, para enfrentar situaciones como esta.

'Cuando nos casamos, mi esposo me ayudó en casa, pero dejó de hacerlo. Está muy resentido porque estoy escalando la escalera corporativa y está tratando de obligarme a dejar de trabajar y tener a nuestra familia ahora. No estoy listo y está causando muchos problemas.'

A medida que las mujeres ganan más dinero y asumen más responsabilidad en su trabajo, también participan más activamente en la toma de decisiones en el hogar. Sus maridos están perdiendo los privilegios y el poder que sus padres habían recibido sin ninguna duda. Y se rebelan. Los hombres que con entusiasmo acordaron la igualdad matrimonial descubren que no les gusta su nuevo estilo de vida. Se defienden diciendo que pierden la paciencia cuando ven que sus esposas ponen las necesidades de su jefe antes que las suyas. Admiten abiertamente que lo principal que quieren de sus esposas no es la estimulación intelectual. Lo que quieren es la afirmación de su masculinidad y que son el jefe en su relación.

Independientemente de la edad del esposo, los ingresos o el nivel educativo, el empleo de la esposa parece tener un impacto negativo en la salud mental de los hombres. A medida que sus esposas se vuelven cada vez más exitosas, muchos temen que sus esposas independientes los abandonen.

Después de varios años de probarlo, muchos hombres sienten que es hora de volver a un estilo de vida más tradicional. Este es el momento en que algunas de sus esposas están avanzando en sus carreras y son reacias a tomarse un tiempo libre para ser una "esposa" y tener hijos. En lugar de quejarse abiertamente de su incomodidad, los hombres vuelven su atención a detener las carreras de sus esposas. Es durante este tiempo que muchos maridos comienzan a descuidar su parte de las responsabilidades hogareñas, haciendo cada vez menos y se rebelan si la esposa sugiere obtener ayuda externa. De alguna manera, piensan que el amor de una mujer por su familia se demuestra cuando realiza tareas domésticas.

Las mujeres se sienten cada vez más frustradas mientras intentan combatir la fatiga y encontrar soluciones al resentimiento de su esposo y sus propios sentimientos de culpa. Encuentran que tienen que activar y desactivar su asertividad cuando ingresan a sus dos entornos. Las mujeres admiten que sus trabajos interfieren con su tiempo personal con sus familias, pero no saben cómo cambiar las cosas.

Mientras luchan por hacer un trabajo familiar de dos carreras, tanto hombres como mujeres sufren, pero las mujeres se sienten más abrumadas por su carga. Pronto, el costo físico de trabajar, mantener un hogar y cuidar a los niños los desgasta. Algunos tienen que abandonar sus estándares de limpieza porque simplemente no les queda suficiente tiempo ni energía para cumplir con sus estándares anteriores.

Después de varios años de subir la escalera, muchas mujeres son reacias a dejar el trabajo para tener hijos. Persuadir a sus esposas para que se concentren en la maternidad se convierte en la forma ideal para que muchos maridos conserven su hombría. La fatiga causa que algunas mujeres se retiren a la domesticidad a tiempo completo. Muchas mujeres gritan 'tío' y sucumben a esto, dejando que sus maridos dominen sus matrimonios, pero pronto vuelven a trabajar después de que su permiso de maternidad ha terminado debido a las realidades económicas.

Las mujeres que no han arrojado la toalla luchan para evitar ser dominadas por sus maridos y para mantener la igualdad en sus matrimonios. Reconocen que están enojados y por qué, volviéndose contra sus maridos, combatiendo el fuego con fuego. La pareja espera forzar al otro a ver su punto de vista expresando su enojo verbal, sexual e incluso físico. Cuanto más critica el marido a su esposa, más frustrada se vuelve su esposa. La mayoría de los hombres admitió que lo que quieren de sus esposas es que les presten más atención: sean más cercanos y más amorosos.

Rechazan los valores feministas y la hostilidad de sus esposas hacia ellos por no ayudar más. Los maridos lamentan que consigan el tiempo y la atención sobrantes de sus esposas y se sientan como si estuvieran al final de la lista de prioridades de sus esposas. Sostienen que los trabajos de sus esposas son lo primero y que sus esposas han perdido su feminidad; que han dejado de ser esposas y madres y ahora son adictas al trabajo. Y ellos luchan ayudando aún menos. A veces, debido a que están tan enojados, los hombres comienzan a experimentar impotencia sexual. Otros recurren a las drogas y el alcohol o deciden que ya han tenido suficiente y buscan la satisfacción y el amor con otra mujer.

No hay respuestas fáciles a este dilema, pero a menos que la pareja discuta abierta y honestamente lo que está sucediendo entre bastidores, o reciba asesoramiento familiar, el matrimonio continuará siendo un campo de batalla para la supremacía.

Peleas peligrosas

A veces lastimamos a las personas con las que estamos más cerca: cónyuges, hijos y amigos cercanos porque usamos tácticas injustas para resolver desacuerdos. Esto es cuando tenemos información privilegiada que nos permite golpearlos donde sea que duela, donde son vulnerables. Y ellos toman represalias haciendo lo mismo con nosotros.

Cuando te sientas tentado de darle un golpe bajo a alguien o "frotarle la nariz con viejas heridas", contempla la caída. Una vez que las palabras salgan a la luz, recuerda que no puedes retractarte y que podrían volver a acecharte en el futuro.

Otro problema serio es que las parejas se niegan a escuchar el lado opuesto de una discusión. Piensa en el último argumento de un fuerte y bullicioso que tuviste con alguien cercano a ti. ¿Escuchaste lo que la otra persona estaba diciendo? ¿O pasaste tu tiempo pensando en lo que dirás en represalia?

La buena comunicación puede evitar que una relación se separe por sentimientos heridos o enojados. Escuchar con amor significa que te importa y prestas atenciones a lo que dice tu pareja (en lugar de concentrarte en lo que esperas oír). Debido a que nos comunicamos no solo con palabras, sino a través de signos y gestos, observe lo que su lenguaje no verbal les está diciendo a los demás.

Disolver desacuerdos

Los desacuerdos incluso pueden fortalecer las relaciones, siempre y cuando los combatientes aprendan a escucharse cuidadosamente unos a otros. Las siguientes técnicas son muy efectivas, siempre que las parejas discutan estos pasos antes de tener un argumento, no durante el mismo. Cuando los ánimos empeoran, uno u otro da una señal (esto podría ser una mano levantada que da una señal de *"detener"* o *"esperar"*). Luego, sigue estos pasos:

1. Lanzan una moneda para decidir quién hablará primero.

2. La persona # 1 habla; La Persona # 2 no hace más que escuchar y ocasionalmente hacer preguntas que aclararán lo que dice la Persona #1

3. Cuando la persona # 1 dice todo él o ella quiere decir sobre el tema, la Persona # 2 parafrasea lo que él o ella cree que la otra persona dijo. La persona # 1 está de acuerdo o aclara con más explicaciones. En ninguna circunstancia la Persona # 2 debería defender sus lados de la situación.

4. La persona # 1 identifica cómo él o ella sientes cuando ocurre la situación.

5. La persona # 2 reconoce y parafrasea lo que la persona # 1 dice acerca de cómo se siente.

6. La persona # 1 explica lo que él / ella piensa que resolverá la situación.

7. La persona # 2 parafrasea lo que la persona # 1 está escuchando acerca de las soluciones al problema.

8. Repita el proceso con la Persona # 2 teniendo la oportunidad de expresar su opinión.

9. La pareja está de acuerdo en cómo abordarán el problema en el futuro.

Continúan este proceso hasta que hayan discutido todas las situaciones problemáticas. Como puede ver, debe haber un intercambio considerable en este intercambio y escuchar y empatizar con los demás son esenciales para que el proceso funcione.

Intercambio de quejas

De vez en cuando, los esposos y las esposas deben tener sesiones de *"queja"* en las que discuten las cosas molestas que hacen sus cónyuges cuando usan los comentarios. Ambos deben estar dispuestos a aceptar la crítica del otro. Luego deberían explicar lo que les gustaría que hagan sus parejas en lugar de sus acciones molestas.

Por ejemplo: un esposo deja su ropa sucia en una pila en el dormitorio o en el piso del baño; la esposa explica dónde quiere que el ponga la ropa sucia.

Una esposa es un terrible procrastinator (el marido es muy organizado y puntual) - el marido explica cómo se siente cuando llega ella tarde y sugiere soluciones.

Comportamiento de francotirador

'Cuando visito a una pareja lo sé, me siento muy incómodo cuando se lastiman verbalmente. Esto sucede cuando hacen comentarios que rompen pequeños pedazos de la autoestima de los demás. ¿Por qué hacen esto en mi presencia?'

Cuanto más un matrimonio está en problemas, más se produce el comportamiento de francotirador. El comportamiento de francotirador incluye lo siguiente:

1. Un compañero está contando una historia. El otro cónyuge sigue haciendo correcciones a la historia.

2. La persona hace comentarios despectivos relacionados con el otro sexo, lo que obliga al compañero a defender su género.

3. Él o ella se burla de cómo se ve la otra persona o lo que hace.

4. Comience peleas en público o frente a amigos o familiares.

5. Compite con el compañero.

6. Algo salió mal, entonces tiene que ser debido a algo que el otro compañero hizo (chivo expiatorio).

7. Él o ella no admitirá cuando él o ella está equivocado.

8. Si el otro compañero gana en un juego, él o ella se pone de mal humor.
9. No permitirá que la otra persona tenga privacidad o espacio.
10. Hace comentarios a los niños, tales como: *'¡Espera hasta que tu madre / padre llegue a casa!'*
11. Guarde rencor, quejarse y / o dar un trato silencioso.
12. Hace comentarios sarcásticos y cortantes.

Cuando las parejas hacen esto en tu presencia, explica cómo te sientes cuando se atacan entre sí. *'Cuando actúas así, me siento muy incómodo, ¿puedes decirme por qué sientes la necesidad de ser tan cruel el uno con el otro?'*

Si continúa utilizando este comportamiento, explíquele que se irá. ¡Entonces hazlo si el comportamiento continúa!

Sus comportamientos podría ser el resultado del aburrimiento, la necesidad de derrocar a su cónyuge, una lucha de poder o todos estos. Es un tipo de enfermedad que rara vez mejora a menos que la pareja actúe para detenerla. Cualesquiera que sean las causas, es una forma de tortura que le da malas vibras a la otra persona y le quita constantemente su autoestima. Alguien tiene que detenerlo o continuará y probablemente se convierta en divorcio o violencia. La consejería es a menudo la única solución.

Divorcio

'Mi esposa y yo nos estamos divorciando. ¿Cómo deberíamos decirles a nuestros hijos?'

Ésta es una tarea difícil. Siempre que sea posible, ambos padres deben dar la noticia a sus hijos. Cuanto antes mejor, en lugar de correr el riesgo de que lo escuche de otra persona. Mantenga sus comentarios cortos para disminuir la ansiedad.

Puede comenzar diciendo: *'Mamá y papá han decidido que ya no se llevan bien. No tiene nada que ver contigo y los dos continuaremos amándote. Ya no podemos vivir juntos, así que me mudaré a un apartamento no muy lejos de aquí.'*

Cuanto más viejo es el niño o adolescente, más intensa puede ser su reacción. Pueden ser más vocales y enojados y tendrán preguntas que necesitan respuestas. Se honesto con tus respuestas. Muchos pueden arremeter contra los padres para expresar su dolor por lo que está sucediendo. Los niños más pequeños simplemente pueden llorar y aferrarse al padre que se va. Se sienten fuera de control de la situación y tienen ansiedades para igualar.

Asegúrese de que sepan que no son la causa del divorcio.

Tratando con cónyuges y niños difíciles

Es importante que los padres se den cuenta de la forma en que piensan los niños. Los niños de alguna manera creen que son responsables de todas las situaciones buenas y malas que suceden a su alrededor. Los padres pueden tener que comenzar este tema, porque a veces los niños ni siquiera han formulado la idea en sus mentes lo suficiente como para hablar de ello. Puede ser un sentimiento que tienen, que fueron responsables.

Otros niños pueden no reaccionar en absoluto, hasta que hayan tenido la oportunidad de digerir los cambios. Deles la posibilidad más adelante de hacer preguntas que les conciernan. Sea empático, dándose cuenta de lo terribles que pueden sentirse y tratando de disipar cualquier temor que puedan tener acerca de cómo sus vidas pueden cambiar. Ambos padres deben estar disponibles y ser honestos con sus hijos. Las preguntas que inevitablemente harán los niños serán:

1. ¿Tendremos que mudarnos a otra casa?
2. ¿Tendremos que ir a una nueva escuela?
3. ¿Todavía tendré mi propia habitación?
4. ¿Seguiremos teniendo clases de patinaje, piano y hockey?
5. ¿Podemos continuar acampando el próximo año?

Es sorprendente la cantidad de preguntas que podrían parecer irrelevantes, el niño podría preguntar. Ninguno es frívolo y merece respuestas honestas. Esté dispuesto a hacerles saber a sus hijos que usted también está herido y triste y que está bien llorar.

Si te preguntan por qué dejaste de amar, ¿qué responderías? Tenga en cuenta que no debe reforzar la idea de que ya no ama, de lo contrario los niños pueden sentir que también puede dejar de amarlos (causando más ansiedad). Podrías decir: *'Luchamos demasiado.'* O *'No estamos felices de vivir juntos.'* Mira que no te permitas dejar que tu antagonismo con tu pareja nuble tus comentarios.

Capítulo 6

TRATANDO CON MARIDOS DIFÍCILES

Este capítulo se concentra en los problemas que las esposas tienen con sus maridos.

Padre posesivo

'Mi esposo es muy posesivo con nuestros hijos adolescentes. Él los controlar y tiene que saber exactamente dónde están y todo sobre sus vidas. Él los restringe de participar en actividades normales de adolescentes. Nuestros hijos se están volviendo rebeldes y nuestro hogar se está convirtiendo en un campo de batalla.'

Los padres dominantes a menudo son personas unidimensionales que hacen de la crianza la única razón para estar vivos. Se aferran a sus hijos porque perderían todo sentido de identidad y significado si los dejaran seguir sus propios caminos. Lo que realmente está sucediendo es que el padre está tratando de satisfacer sus necesidades a costa del niño.

Estos padres pueden ser pasivos o dominantes cuando tratan con el resto de la sociedad, pero la mayoría tiene baja autoestima. Tristemente, realmente creen que saben lo que es mejor para sus hijos. El resultado es que sus hijos atacan las restricciones injustas que se les imponen. Algunos incluso recurren a huir de casa. Los padres por otro lado, siente que sus hijos no aprecian lo que él / ella está haciendo por ellos. Hacen comentarios como, *'¡Después de todo lo que he hecho por ti!'*

El asesoramiento familiar a menudo es la única solución para este tipo de obsesión. Con suerte, lo obtendrá pronto, antes de que usted y su esposo pierdan por completo el respeto y la cooperación de sus hijos.

Problemas de conducción

"Mi esposo insiste en conducir por encima del límite de velocidad. No solo tengo miedo de recibir una multa, sino que siento que es peligroso para todos en el camino cuando conduce tan rápido. Su explicación es: "Todos los demás manejan sobre sobre el límite. La policía nunca hace cumplir los límites de velocidad, y me permiten viajar 10 kilómetros por encima del límite de velocidad antes de que se preocupen".

La mayoría de los accidentes automovilísticos que involucran lesiones graves y / o la muerte son causados por personas que están intoxicadas o que conducen por encima del límite de velocidad. La explicación dado por su marido no es verdad.

Debido a que esto involucra la cuestión de los valores, tendrá que decidir si usted y sus hijos seguirán siendo pasajeros si él está manejando el auto. Explique su insatisfacción con su aparente falta de respeto por la ley y la falta de preocupación por su seguridad y la de los demás. Esto podría causar serias repercusiones en su matrimonio. Es posible que necesite consejería matrimonial para resolver este grave problema, pero continuar de esta manera puede poner su vida en riesgo.

El esposo no ayudará en casa

El lunes después de que Jenny y Russ regresaron de su luna de miel, ambos tuvieron que regresar al trabajo. La primera mañana, cuando volvieron a trabajar, Jenny preparó el desayuno y se preparándose para irse al trabajo cuando Russ golpeó con la cuchara el borde de la taza de café. En su boda, la gente había golpeado sus cucharas en el lado de sus copas de vino, lo que significaba que la novia y el novio tenían que besarse.

'Está bien, uno beso, entonces me tengo que ir,' dijo Jenny.

'No, no quiero un beso, fue para decirte que quiero otra taza de café.'

Jenny le dirigió una mirada de asombro. Ella no podía creer lo que él había dicho.

'Russ, somos socios ahora. Los dos trabajamos, entonces ambos necesitamos ayudar en casa. Si quieres otra taza de café, está la cafetera. Por favor, ayúdense -agregó con disgusto, tomó su bolso y se fue a trabajar.

Pronto supo que Russ no tenía idea de cómo ayudar en casa. Su madre había hecho su cama, ella había recogido después de él y había hecho todo lo posible para que se sintiera cómodo. Pronto fue claro que esperaba el mismo comportamiento de Jenny. Llegó a casa del trabajo, se quitó la ropa de trabajo y los dejó tendidos en el suelo de su habitación. Si salían socialmente, ponía su traje en el respaldo de una silla en lugar de colgarlo en el armario.

'Russ, somos socios ahora. Los dos trabajamos, entonces ambos ayudamos en casa. Si quieres otra taza de café, ahí está la cafetera, ayúdate -agregó con disgusto, recogió su bolso y se fue a trabajar.

Ella pronto supo que Russ era inútil en casa. Su madre había hecho su cama y había hecho todo lo posible para que se sintiera cómodo. Pronto fue claro que esperaba el mismo comportamiento de Jenny. Llegó a casa del trabajo, se quitó la ropa de trabajo y los dejó tendidos en el suelo de su habitación. Si salieron socialmente, dejó su traje en el respaldo de una silla en lugar de colgarlo en el armario.

El jueves por la tarde, después de regresar de su luna de miel, algunos amigos vinieron a cenar. Antes de llegar, Jenny se mantuvo ocupada preparando la comida, preparando la mesa y vistiéndose. Ella había esperado una semana para que Russ recogiera la ropa, pero vio que todavía estaban en el suelo de la habitación. Disgustada, fue al porche trasero, tomó una gran bolsa de basura y poner la ropa de Russ en la bolsa, incluido el traje. Luego ella arrojó la bolsa al armario de la ropa. Dos días después, Russ preguntó dónde se había ido toda su ropa de trabajo; que él no tenía ninguno que estuviera limpio.

'*¿Dónde los dejaste?*' Jenny preguntó inocentemente.

'En nuestra habitación', respondió

'*¿Dónde en el dormitorio?*' Ella cuestionó mientras estaba parada con sus manos en sus caderas.

'*En esa esquina,*' dijo mientras señalaba hacia la esquina donde normalmente arrojaba su ropa de trabajo.

'*¿No sabes a dónde pertenece la ropa sucia? El cesto de la ropa está en el sótano, al lado de la lavadora. ¿Y esperabas que yo colgara tu traje?*'

'*Bueno, ¿Dónde está mi ropa?*' Preguntó mientras miraba alrededor de la habitación.

'*Solo tuve unos minutos para limpiar tu desorden cuando nuestros amigos vinieron el jueves. No podía dejar nuestra habitación en el desorden en que estaba cuando vinieron, así que puse todo lo que te quedaba en una bolsa de plástico,*' ella dijo mientras señalaba el armario y luego agregó: '*La ropa no se limpia mágicamente, las manos mágicas no las llevan a lavar y vuelven a planchar y colgar, lo menos que se puede hacer es ponerlas en el cesto de la ropa; haré el resto.*'

Cuando compraron un lavaplatos, Jenny tomó sus platos automáticamente y los colocó en el lavavajillas. Russ dejó el suyo donde estaban sobre la mesa y todavía estaban allí cuando llegó a desayunar a la mañana siguiente. '*¿Por qué dejaste estos platos sobre la mesa?*' él preguntó.

"*No los dejé allí, lo hiciste, puse los míos en el lavavajillas. Supongo que olvidaste poner los tuyos allí antes de lavarlos al resto.*'

Después de eso, mejoró un poco, pero siempre actuó como si fuera una imposición, no su trabajo. Existían todo tipo de obligaciones domésticas para resolver entre ellos, pero, aunque hubo muchas resistencias y quejas de él, encontraron un sistema para compartir tareas domésticas.

Olvidado o negligente

'*Mi marido convenientemente "olvida" las cosas. Su comentario habitual es: "Lo siento, lo olvidé." O, "¡Pensé que estabas cuidando eso!" O bien, "¡No sabía que querías que me detuviera en la tienda para comprar un poco de leche!"*

¿Es él realmente está olvidando todas esas cosas o es esta su manera de manipularse a sí mismo para no hacer las cosas?'

Este es el comportamiento de resistencia pasiva. Aquellos que exhiben este rasgo, esperan que otros les recuerden lo que deben hacer, los plazos que deben cumplir y quién es responsable de hacer qué. Tratar frente a sus acciones pidiéndole por compromisos verbales y escritos (si es necesario). Este rasgo es especialmente destructivo en una situación laboral.

Explique que no es su responsabilidad recordarle él las citas que tiene o las actividades a las que se supone que debe asistir. Dale un calendario para su propio uso donde pueda poner fechas y actividades importantes. Si pregunta: *'¿Cuándo se supone que debo llevar a David a su práctica de hockey?'* Pídale que mire el calendario. Si él olvidó escribirlo, sugiérele que pregunte a su hijo o llame para confirmar la hora. Deja de interferir. Él está estableciendo un modelo de conducta pobre para sus hijos, que reanudará su mal hábito y utilizará las mismas tácticas para los demás.

Demasiado afectuoso en público

'Mi esposo insiste en tocarme demasiado en público, ya sea que tiene su brazo alrededor de mi cintura o tiene su mano o brazo en otras partes de mi cuerpo, mi respuesta normal es apartarlo suavemente, lo que inicia peleas con más frecuencia que no. ¿Cómo puedo comunicarme con él que no aprecio sus caricias constantes, especialmente en público?'

La cantidad de toques que muestra una persona a menudo se relaciona con los hábitos de sus modelos familiares. Sus padres pueden ser personas táctiles y han inculcado un toque saludable entre ellos y sus hijos como parte de su proceso de comunicación. También podría relacionarse con el origen cultural. En muchas culturas, el tacto es una parte esencial de la comunicación, mientras que, en otros, tocar es una invasión de la privacidad de la persona.

Es probable que su esposo provenga de un ambiente que lo motive a tocarse. De una manera no amenazante, pregúntale él por qué te toca tan a menudo. Explica cómo te sientes cuando te toca constantemente, te sientes invadido y rodeado de él y necesitas más espacio. Luego intente encontrar un compromiso que sea aceptable para ambos.

También podría considerar lo siguiente: Los estudios muestran que, en público, la mayoría de los hombres de América del Norte tienden a poner su brazo alrededor de su pareja y es probable que las mujeres comiencen el contacto al unir los brazos. La mayoría de los hombres menores de 30 exhiben posesividad por tocarse frecuentemente. Esto cambia en las mujeres de más de treinta años, que revierten los roles; se convierten en las personas táctiles más frecuentes.

La esposa es promovida

'He estado escalando la escalera corporativa bastante rápido y me encuentro ganando más que mi marido. Desafortunadamente, está muy frustrado con la situación. Él no está abierto a expresar sus sentimientos. En cambio, es discutidor, critica nuestros hijos y la vida sexual no es lo mismo. ¿Cómo puedo lograr que acepte la situación?'

Su sentido de la masculinidad ha sido cuestionado porque el equilibrio de poder ha cambiado. Las situaciones más triviales pueden disfrazar las luchas de poder. Estos incluyen quién gana más dinero o gasta dinero demasiado rápido. o para saber por qué uno siempre llega tarde a la cena. Los conflictos sobre el dinero, el sexo, la planificación para el futuro, la retención de información y el no compromiso ocultan las luchas de poder.

Las luchas de poder pueden comenzar después de que la primera fantasía romántica entre una pareja se desvanece y comienzan a verse como personas reales. Una vez que comienzan a trabajar en equipo, tienen docenas de problemas de poder para negociar. Estos pueden ser de quién paga el alquiler a quién saca la basura. A menudo, un nuevo bebé, un ascenso o mudarse a una nueva ciudad puede renovar una disputa de poder. Si se siente frustrado, enojado o excluido de la relación, pregúntese por qué. Existe una buena posibilidad de que se produzca una lucha de poder subyacente entre usted y su pareja.

Una vez que haya identificado conflictos de poder en estos puntos problemáticos, tendrá que enfrentarlos de frente. Puede notar que está haciendo más que su parte del trabajo. Podría ser que sientas que pasas demasiado de los fines de semana trabajando, cuando te gustaría relajarte.

Habla en detalles. Puede ser lo malo que te sientes cuando él te ignora o lo incomprensible que te sientes cuando él nunca te dice lo que está pensando. Pregúntele por qué es polémico, critica los niños o ha cambiado su vida sexual. A menos que resuelva estos problemas de poder, los dos-algunos, podrían volver a uno-algunos. Mantenga abiertas las líneas de comunicación para resolver estos problemas.

Comentarios sarcásticos

'Mi esposo es muy sarcástico, él y sus amigos siempre ven que pueden vencer a los demás con comentarios sarcásticos, no me importa si lo usa con ellos, pero también lo está usando con nuestros hijos. El otro día, nuestro hijo terminó llorando por sus comentarios sarcásticos. ¿Cómo puedo hacerle ver lo cruel que son sus comentarios para el receptor?'

Hay dos tipos básicos de sarcasmo. Uno tipo de sarcasmo es una broma inofensiva y es divertido para todos los interesados. Muchos comediantes lo usan, así como buenos amigos. No es amenazante porque los hablantes se burlan de sí mismos o de las situaciones. No lo usan para derribar a otros. Reír a carcajadas con un chiste puede aliviar los dolores de cabeza y disminuir la presión sanguínea de una persona y crear vínculos entre las personas. El impulso de compartir una broma de este tipo es casi irresistible.

El segundo tipo es hiriente y está diseñado para que los demás se sientan pequeños. Este tipo de sarcasmo es una forma de agresión indirecta. Las personas que lo usan sienten una sensación de poder al ver a otras personas retorcerse, al señalar y reírse de las deficiencias de los demás. Debido a que su broma es a menudo sutil y está abierta a más de una interpretación, puede usarse para comunicar intereses y valores tabú, para investigar lo que la otra persona está pensando o para hacer una sugerencia que el bromista no está seguro de que será aceptada. A través de sus comentarios de broma, pueden mencionar temas prohibidos, participar en un comportamiento ofensivo o comportarse como un niño e incluso salir de los límites del buen gusto.

Estas personas recurren este tipo de sarcasmo para expresar emociones negativas. Por lo general, son reacios a enfrentar la causa de sus comentarios sarcásticos directamente. Lo logran a través de bromas a expensas de alguien más. Algunos ejemplos de conversaciones con sarcasmo que duele son:

'Finalmente, decidiste honrarnos con tu presencia.'

'Usted no es exactamente el Sr. Eficiencia usted mismo.'

'Si eres tan inteligente, ¿por qué no eres mi jefe?'

Le han pedido a una persona que repita una observación. Ellos responden: *'¿Es el español tu segundo idioma?'*

Ya no es aceptable en la sociedad que las personas golpeen a otros. Ahora usan palabras cortantes (sarcasmo) para lograr este fin. El sarcasmo hiriente es uno de los métodos más astutos, manipuladores y sutiles para salirse con la suya.

Hombres y mujeres ven y usan el sarcasmo de manera diferente. Los hombres son mucho más duros el uno al otro. Por ejemplo: los hombres a menudo son muy sensibles sobre la calvicie. Cuando los amigos notan un pequeño parche calvo en la cabeza de uno de sus amigos, su nuevo sobrenombre se convierte en *"Baldi"*.

Considere lo que sucedería si una mujer usara este tipo de sarcasmo con otra mujer. Por ejemplo: ¿Realmente puedes imaginarte a una mujer diciéndole a otra, *'¿Cómo estás hoy, muslos flácidos?'* ¡Es probable que la otra mujer nunca le volviera a hablar!

Las mujeres que crecieron con hermanos que usaron esta forma de sarcasmo tienen una ventaja sobre las que no. Sin embargo, las mujeres que no han tenido esta exposición reaccionan como si el hombre las hubiera golpeado si usaba el tipo de sarcasmo más difícil. En cierto modo, han sido golpeados verbalmente y pocas mujeres realmente saben cómo manejarlo. Muchos actuarán heridos y a la defensiva. La reacción del hombre sarcástico al comportamiento de una mujer a menudo es: "¿No puedes tomar una broma?" Las mujeres deben pedirle al dador de sarcasmo que les explique qué tiene de gracioso el *"chiste"*.

Es importante que busquemos detrás de las razones por las que las personas usan el tipo de sarcasmo que duele y corta. Es porque los hace sentir más importantes. Emocionalmente, no se sienten muy bien consigo mismos, por lo que menosprecian a los demás para que se sientan más importantes. El juego continúa cuando otros responden al sarcasmo o actúan dolidos. Son más felices cuando otros se enojan y se defienden. Recuérdate a ti mismo que no respondas negativamente a sus comentarios. Intenta aferrarte a los hechos.

¿Deberías responder al sarcasmo con más sarcasmo? Piense por un minuto: ¿quién tiene el control de la situación cuando ocurre el sarcasmo? Usted es (el destinatario del sarcasmo). No, no respondas con más sarcasmo; de lo contrario, renuncia a su control de la situación y rara vez hace algo para detener el bombardeo (y a menudo fomenta más de lo mismo). En cambio, analiza por qué podrían sentirse tan inferiores que necesitan rechazarte para sentirte bien consigo mismos. ¿Eres más inteligente, te ves mejor, tienes más amigos, tienes un mejor trabajo? ¿Qué es? Una vez que tenga una idea de lo que es, puede sentir pena por los dadores de sarcasmo, en lugar de enojarse. Entonces puedes lidiar con el problema real.

Podrías decir: *'Tu último comentario fue muy sarcástico y desagradable, el sarcasmo duele, ¿puedes explicar por qué dijiste lo que hiciste y por qué sentiste la necesidad de utilizar un sarcasmo tan degradante?'*

Otro enfoque del sarcasmo, es decir: *'Eso fue muy sarcástico. ¿Qué es lo que realmente quieres decirme que estás encubriendo con tus comentarios sarcásticos?'* Esto debería al menos hacer que la persona analice por qué hicieron su comentario y lo que realmente querían decir. Haz que las personas agresivas sean responsables de sus acciones. A menudo pueden no ser conscientes de cuán destructivo es su comportamiento para los demás.

En el caso de su hijo, ella necesita decirle a su esposo cuán crueles son sus comentarios. Los comentarios de su esposo son una forma de abuso emocional dirigido a sus hijos vulnerables que tienen pocas maneras de luchar contra tales comentarios. Si el niño ha hecho algo para molestarlo, debe corregir el comportamiento, no golpear al niño con golpes bajos que afectarán su autoestima.

Con suerte, tu no tomes represalias y usas este tipo de sarcasmo ti mismo. Si te encuentras usando este comportamiento negativo, trata de ser más directo en tu comunicación con los demás.

Abuso emocional

Cualquiera de los cónyuges puede sufrir abuso emocional ocasionalmente o continuamente. El verdadero abuso emocional implica un aluvión **constante** de comentarios intimidatorios y sarcásticos, exigentes, reprimendas, culpables, gritos, desprecios o chantaje emocional. El chantaje emocional ocurre cuando el abusador juega con el miedo, la culpa o la compasión de la persona. Los abusadores constantemente deprecian la autoestima de la persona y pueden ser muy impredecibles y propensos a cambios de humor drásticos.

Un comentario familiar del abusador es *'¡Mira lo que me has hecho hacer!'* Están buscando a alguien a quien culpar por todas sus emociones negativas. Cuando las cosas van mal en vida, siempre es culpa de otra persona. Como aprendió en este libro, todos son responsables de sus propias emociones, no pueden culpar a otros por cómo se sienten o reaccionan.

Aquí hay un ejemplo de abuso emocional: los amigos de Sandra y Ben han visto cambios drásticos en ellos desde su matrimonio hace un año. Sandra había sido una mujer alegre y extrovertida que amaba a Ben desesperadamente y se desvivía por complacerlo. Ben estaba muy orgulloso de su bella y exitosa esposa y se jactó de ella con todos.

Al final de su primer año de matrimonio, se convirtió en una persona callada y apologética que intentó con todas sus fuerzas complacer a su esposo y abandonó la mayoría de las actividades que le gustaba antes de casarse. Poco a poco dejó caer a todos sus viejos amigos y se volvió cada vez más retraída. Ben pasó de ser un hombre educado y calmado a ser abiertamente manipulador, despectivo y crítico de los logros de Sandra.

Las señales estaban allí: su matrimonio se había convertido en una relación emocionalmente abusiva. El abuso comenzó lentamente y ganó impulso con el tiempo. Aunque las mujeres pueden ser emocionalmente abusivas de los hombres, la mayoría de las víctimas de abuso emocional son mujeres que creen que son responsables de la felicidad y el bienestar de su pareja u otras personas. Ella cree que su trabajo es arreglar las relaciones y se siente culpable si no puede.

Muy a menudo, los niños en estas relaciones también son abusados emocionalmente. A su vez, siguen sus modelos a seguir y repiten el ciclo en la próxima generación. La sociedad necesita identificar los signos de abuso y tomar medidas para ayudar al abusador a cambiar. Al brindar consejería tanto al abusador como al abusador, se espera que la sociedad pueda cambiar las relaciones destructivas y evitar que el ciclo se repita.

Esposo adicto al trabajo

'Mi esposo ha sido un adicto al trabajo durante años, pero la situación está empeorando. Nuestros hijos y yo nunca lo vemos y él siempre está cansado. No hay necesidad de que trabaje tan duro como él. No hay necesidad de que él lo haga. Podríamos manejarnos menos económicamente, pero él no me escuchará cuando le cuente esto. Lo que lo hace trabajar tan duro y por qué no me escuchará cuando ¿Le digo lo que le está pasando a nuestra familia?'

La mayoría de las personas asume que todos los adictos al trabajo son infelices, pero eso no siempre es cierto. Hay tres tipos de adictos al trabajo:

1. Los que trabajan porque les gusta realmente su trabajo - trabajo duro y largo porque reciben placer de hacerlo. Están bajo estrés, pero la salud de la persona no se ve afectada por el estrés.
2. Aquellos que están motivados, no por entusiasmo, sino por las cosas tales como:
    a) sentimientos competitivos;
    b) las presiones de trabajo;
    c) recortes presupuestarios;
    d) relación familiar o problemas;
    e) problemas financieros.
3. Aquellos que trabajan porque se sienten impulsados a hacerlo (compulsivo comportamiento). Su estrés se convierte en angustia y sufren porque Del mismo.

    Suena como si su marido encaja en los grupos de segundo o terceros. Estos adictos al trabajo tienen normalmente las siguientes características:
    a) Temen fracaso.
    b) Temen ser pensado en como vago.
    c) Temen otros descubrirán que no son tan buenos como ellos piensan que son o están deslizándose en su nivel de habilidad.

Signos de adicción al trabajo

Personas en las categorías segunda y terceros:

- Siempre están trabajando, a menudo trayendo trabajo a domicilio por la tarde y en el fin de semana - pero son resentido sobre él.
- Sufren de trastornos nerviosos.
- No comer o hacer ejercicio justo.
- Rara vez pasa tiempo con su familia.

- Ellos nunca toman tiempo del trabajo cuando están enfermos. (Ellos son los que transmiten la gripe al resto del personal y vienen a trabajar cuando no deberían).
- No saben cómo relajarse, para jugar o simplemente *"hacer rabona"*. (A menudo utilizan deportes competitivos para *"relajarse"*.)
- Están dispuestos a asumir riesgos cuando se sienten seguros, pero cuando las cosas se acumulan, vuelven a lidiar con el estrés como siempre lo hacen. Muchas de estas formas son destructivas. La persona trabajadora se convierte en un adicto al trabajo, otros beben, comen en exceso, toman drogas o tienen otras compulsiones.

Algunos adictos al trabajo son adictos que usan el trabajo como su droga preferida. Pueden ser lisiados emocionales conectados con el poder y el control. La obsesión los lleva en su infructuosa búsqueda de perfección, aprobación y éxito. Siempre están corriendo, siempre ocupados, incluso cuando están de vacaciones. Esta fuerza motriz a menudo resulta en problemas cardíacos, temblores, nerviosismo, malestar estomacal, dificultad para respirar y mareos.

Tenga una conversación seria con su esposo. No permita que abandone su charla sin explicar por qué está trabajando tan duro y el efecto que está teniendo en su familia. Una pregunta muy simple para hacer (lo que podría sorprender a el esposo cuando vea lo que realmente está haciendo con su vida) es: *'Supongamos que nuestro médico le dice que tu solo le quedan seis meses de vida. ¿Qué estarías haciendo durante esos seis meses?'*

Probablemente diría que pasaría más tiempo con mi familia o viajando, en lugar de trabajar más duro. Este control de la realidad podría ayudar a su esposo a cambiar sus prioridades. Si eso no funciona, es posible que tenga que identificar algunas de las consecuencias que podrían ocurrir si el comportamiento de su esposo no cambia (prepárese para esto antes de su reunión). La consejería matrimonial puede estar justificada, especialmente si él admite que está trabajando para alejarse de su situación familiar.

Los adictos al trabajo pueden obtener más ayuda para leer el libro: ***Adictos al trabajo: Adictos respetables,*** por la Dra. Barbara Killinger. Vea el Capítulo 7 para aprender sobre el agotamiento y cansancio.

El esposo perdió su trabajo

'Mi esposo Bill perdió su trabajo hace tres meses. Esto no solo ha creado problemas financieros, sino que también ha sido emocionalmente agotador para ambos. Hemos tenido que reducir seriamente nuestros gastos. Yo también he experimentado miedo, inseguridad, conmoción e ira. ¿Cómo puedo ayudarlo cuando me siento abrumado por mis propias emociones?'

El estrés de la terminación del trabajo puede crear tanto daño y confusión para el cónyuge como para la persona que pierde el trabajo. Algunos maridos se retiran y no discutirán sus problemas porque están avergonzados o sienten que han defraudado a su familia. Sus esposas se sienten heridas y aisladas por la reacción de su esposo a este golpe a su autoestima.

Una excelente fuente de ayuda en esta área es el libro, ¡Me han despedido también! Hacer frente a la pérdida de trabajo de su marido por Jill Jukes y Ruthan Rosenberg.

Marido pierde el trabajo

'Mi esposo Bill perdió su trabajo hace tres meses. No sólo esto ha creado problemas financieros, pero ha sido vaciado emocionalmente nos ambos. En serio que hemos tenido que reducir nuestros gastos. También he experimentado miedo, inseguridad, choque y la ira. ¿Cómo puedo ayudarlo cuando me siento abrumado por mis propias emociones?'

Las tensiones de la terminación de trabajo pueden crear tanto dolor y confusión para el cónyuge en cuanto a la persona perder el trabajo. Algunos esposos retirar y no hablar de sus problemas porque están avergonzados o siente que han defraudado su familia. Sus esposas se sienten herido y aislado por la reacción de su marido a este golpe a su autoestima.

Una excelente fuente de ayuda en esta área es el libro: **Me han despedido también: lidiar con la pérdida del trabajo de su marido** por Jill Jukes y Ruthan Rosenberg.

Ronquidos

'Mi esposo ronco tan fuerte que ni siquiera puedo estar en el mismo piso que él, y mucho menos dormir en la misma cama que él". Esto todavía no me da un buen sueño porque sigo leyendo sobre la apnea del sueño y el peligro si la tienes. ¿Qué tengo que hacer para hacerle comprender que tenemos un problema grave?'

Los roncadores sueñan felizmente, rara vez escuchan los atronadores terremotos que salen de sus gargantas y narices, pero sin duda lo hacen sus cónyuges. Aproximadamente uno de cada cuatro adultos usualmente ronca. Los ronquidos fuertes son más comunes en hombres y mujeres con sobrepeso y tienden a empeorar con la edad.

El ronquido tiene orígenes nobles que se remontan a tiempos prehistóricos. Para aquellos que tienen que soportar roncadores, este conocimiento probablemente no compensará las horas de sueño que se perdieron. Tampoco compensará a los roncadores que han sido empujados, gritados e incluso expulsados de sus propias camas. Un estudio reciente sugiere que no deberíamos golpear a un hombre que ronca, ¡porque podría devolver el golpe!

¡Por su propia cuenta, él puede protegerte! Esa conmoción que teje el techo puede ser los restos de un antiguo dispositivo de protección que ha sobrevivido a su uso. Algunos creen que las hormonas masculinas pueden ser las culpables, ya que los hombres roncan mucho más y son más fuertes que la mayoría de las mujeres. Además, el ronquido ocurre durante el período de sueño más profundo de una persona, cuando su mente consciente es menos consciente de su entorno y cuando el roncador es más vulnerable.

Pero, ora, ¿por qué los hombres roncan mucho más fuerte que las mujeres? Bueno, hay una explicación. Cuando nuestros antepasados humanos abandonaron la seguridad de la jungla y se aventuraron en la tundra que se materializó hace unos cinco millones de años, durmiendo resultó ser uno de los más indefensos del día. Entonces la naturaleza intervino y proporcionó a los hombres un mecanismo de defensa único. Permitió a los hombres pronunciar los ruidos estremecedores que practicaban todas las noches. Al imitar los sonidos de sus depredadores más comunes (gatos y hienas carnívoros nocturnos), el hombre primitivo podría transmitir toda la noche: *'Escúchame rugir ¡Déjanos en paz o tendrás que lidiar con un poderoso guerrero!'*

Ese conocimiento probablemente no ayudará a los hombres y mujeres modernos (excepto para darles una risita o dos). Entonces, ¿qué hay que hacer para detener el alboroto y traer la paz a las casas una vez más? Muchos recurren a tratamientos inusuales, como pegar una pelota de tenis entre los omoplatos del roncador. Otros dan un codo agudo para impresionar a la persona para que se retire del objeto ofensivo. Algunos recurren a taparse la boca para que no puedan respirar por la boca. Algunos recurren a dormir sentados apilando hasta seis almohadas detrás de ellos. La mayoría de estos remedios proporcionan solo un alivio temporal.

Entonces, ¿qué funciona? Comience un examen físico completo con un especialista en oídos, nariz y garganta. Las personas que roncan generalmente lo hacen porque hay una obstrucción al flujo libre de aire en sus pasajes respiratorios, a menudo causado por un exceso de tejido en la úvula y el velo del paladar cerca de la garganta. El tratamiento con láser puede eliminar el ronquido en la mayoría de los pacientes mediante el uso de una técnica que quema el tejido en los pasajes de la parte posterior de la boca y la nariz, remodelando y reformando la abertura que permite un mayor flujo de aire. Después de tres a cinco visitas de oficina de 10 minutos bajo anestesia local, el ochenta y cinco al noventa por ciento de los pacientes que recibieron el tratamiento con láser dejan de roncar. La mayoría considera que el tratamiento es un proceso casi indoloro.

Mucho más grave que los ronquidos en sí es la apnea del sueño que ocasionalmente acompaña a los ronquidos. A menudo, esta forma distinta y rítmica de roncar (cuatro o cinco veces en rápida sucesión, luego una pausa de 20 a 40 segundos, luego una nueva erupción que es más fuerte que lo usual) resulta de un bloqueo de los conductos de aire del roncador. Esto puede ocurrir si la lengua de la persona vuelve a caer en la boca y los músculos de la garganta se relajan. Carecen de la capacidad de dormir y respirar regularmente al mismo tiempo. Este tipo de ronquidos son en realidad el cerebro que se despierta a sí mismo por lo que su cuerpo es estimulado a jadear por aire. Muchos encuentran que están extremadamente cansados durante el día y a menudo anhelan una siesta por la tarde para compensar la pérdida de sueño.

Las personas con mandíbulas cortas y en retroceso son propensas a esta afección. Muchos enfermos tienen cuellos gordos que estrechan aún más los pasajes de la garganta. El primer tratamiento prescrito en esos casos es la pérdida de peso. También existen medicamentos que promueven la respiración regular y el uso de máscaras nasales pequeñas con algunos pacientes. Póngase a la hora de acostarse, la máscara está conectada por un tubo a un soplador en miniatura que fuerza el aire dentro de la nariz para mantener abiertos los conductos de respiración.

Una operación simple para cortar el tejido que recubre la parte posterior de la garganta, soluciona la mayoría de los casos. Sin embargo, los casos extremos pueden requerir una traqueotomía. (Si ronca constantemente o ronca y se siente bien por la mañana, probablemente no tenga apnea).

Otros trastornos del sueño que pueden afectar a las parejas que se pueden tratar en una clínica de trastornos del sueño son:

- Síndrome de piernas inquietas: movimientos involuntarios que a veces son tan violentos que golpean a su compañero de cama.
- Insomnio: giran y giran tanto que mantienen a sus parejas despiertas.
- Hablando o murmurando: algunos tienen conversaciones muy complejas, pero no tienen memoria de la mañana.
- Pesadillas, algunas tan violentas que emiten gritos espeluznantes o saltan de la cama aterrorizadas.

Capítulo 7

MANEJAR UNA ESPOSA DIFÍCIL

Este capítulo se centra en los problemas que los maridos tienen con sus esposas.

Persistente

'Mi esposa regaña. Ella sigue y sigue y sigue repitiendo lo que dice. Cuando ella hace esto, me retiro y me vuelvo más silenciosa. ¿Qué hace que las mujeres hagan esto?'

Es probable que su esposa piense que no la está escuchando a ella. Entonces ella repite lo que ella dijo para asegurar él haberla escuchado.

Imagina esta escena Una pareja está sentada en el sofá de su sala de estar hablando. La mujer ha posicionado su cuerpo y se volvió hacia su esposo. Él está viendo la televisión. Cuando él no responde a sus comentarios, ella se pregunta si él realmente la está escuchando, así que se siente obligada a repetir sus comentarios (que él describe como regaños). La tendencia de los hombres a apartar la mirada de las mujeres cuando hablan da la impresión de que no están escuchando lo que dicen las mujeres.

Dependiente

'¡Mi esposa me está ahogando! Ella es tan dependiente de mí que me hace querer alejarme de nuestro hogar. Ella espera todo el día para que regrese a casa y monopoliza tanto mi tiempo que no tengo privacidad en absoluto. Le he dicho en repetidas ocasiones que me está ahogando y le he pedido "espacio", pero ella no me escuchará. ¿Qué tengo que hacer - amenazar con dejarla antes de que ella me escuche?'

Probablemente tengas la tentación de decirle: *'¡Consigue una vida!'* Pero trata de ver las cosas desde la perspectiva de tu esposa. Ella acciones son una forma de comportamiento pasivo. Las personas dependientes creen que deben depender de los demás y deben tener a alguien más fuerte en quien confiar. La dependencia causa una mayor dependencia, falta de aprendizaje e inseguridad, ya que uno está a merced de aquellos de los que uno depende.

La mayoría de los adultos dependientes crecieron en hogares donde los padres enseñaban a sus hijos a ser dependientes y a apoyarse en ellos. Las mujeres de estos hogares generalmente cambian su dependencia a sus maridos cuando se casan. Esta es una respuesta casi automática. Si ella hubiera vivido sola antes de su matrimonio, probablemente habría perdido su naturaleza dependiente.

Tu esposa necesita tu aliento para ver que ella tiene una vida independiente propia. Ella comportamiento pasivo le impide intentar acción independiente. Sugiera que ella asista a un curso de capacitación sobre asertividad o que tú le compre algunos libros sobre el tema. Obtener un empleo remunerado fuera del hogar o involucrarse en trabajo voluntario también podría ayudarla a tomar decisiones más independientes y hacerla ella menos dependiente de usted.

Cuando ella te pide tu ayuda para decidir algo, deja de hacerlo. En ella lugar, pregúntele ella: *'¿Qué crees que deberías hacer?'* Nueve de cada diez ella veces sabrá lo que debe hacer, solo quiere confirmación. Cuando ella se dé cuenta de que sabía todo el tiempo, verá que puede tomar más decisiones por sí misma. Aliéntela a rechazar ayuda a menos que sea necesario. Ayúdela a saber que los riesgos, aunque posiblemente resulten en fallas, valen la pena y que fracasar no es una catástrofe.

Problema de conducción

'Mi esposa Marianne siempre me está aconsejando cuando conduzco. Ella me conduce a distracción con su interferencia. "¿Por qué es que tomaste esta ruta para el juego de fútbol?" O bien, "¿Por qué no planificas mejor tu ruta? Te lleva el doble de tiempo llegar a donde vamos."'

A tu esposa le gusta tener el control. Cuando conduces, ella no tiene el control. ¿Has intentado analizar por qué ella elige los momentos cuando estás en el coche para criticarte? Ella puede sufrir ansiedad cuando viaja en un automóvil.

Si ese no es el caso, un comentario que podría hacer es: *'¿Quién está conduciendo? Si tiene tantas quejas sobre mi forma de conducir, puede conducir la próxima vez. Mientras tanto, no quiero oír más quejas sobre mi manejo.'* Si persiste, deténgase a un lado de la carretera (sin peligro) y pídale que conduzca. Si es necesario, deje de conducir si ella va a ser un pasajero.

Problemas financieros

'Mi esposa y yo tenemos dos hijos, ambos trabajamos porque es una necesidad económica, ella lo sabe, pero a menudo está ausente del trabajo por una razón u otra, odia su trabajo y encuentra todo tipo de excusas para mantenerse alejado. Ella temo que ella pueda perder su trabajo y esto ha causado muchos argumentos últimamente.'

La mujer promedio en estos días pasa 35 años de su vida adulta en el lugar de trabajo, trabajando a tiempo parcial o tiempo completo. Por lo tanto, si ella tiene un trabajo que no le gusta, piense en cuántos años más probablemente detestará su trabajo antes de jubilarse. Anímela a hablar con un especialista de carrera y obtener orientación profesional (este es un servicio gubernamental gratuito en muchas áreas). Le ayudarán ella a identificar ella habilidades transferibles y le sugerirán ocupaciones alternativas en las que puede usar esas habilidades. Esto te permitirá ella obtener el trabajo que ella te gusta.

Como alternativa, haga ella que vaya a mi sitio web y obtenga asesoramiento profesional en línea:

www.dealingwithdifficultpeople.info/Unique-Career-Counselling-Service

También es posible que su esposa no esté recibiendo suficiente ayuda en casa. Una conferencia familiar está en orden (vea el Capítulo 10) para asegurarse de que no tenga demasiadas responsabilidades en casa.

Robar del trabajo

'Mi esposa Cheryl trabaja en una oficina, ocasionalmente trae clips de papel, bolígrafos, marcadores, papel rayado y grapas del trabajo a casa, y nuestros hijos han observado y comentado su robo, sé que tengo que hablar con mi esposa sobre el robo ¿Qué debería decirle a ella eso no suena como si la estuviera disciplinando?'

Explica cómo te sientes al respecto. Por ejemplo, *'Cheryl, necesito hablar contigo hoy, por algo que me preocupa. Miré a Judy el otro día cuando llegaste a casa del trabajo con papel rayado. Esta tarde, ella me preguntó si estaba bien para llevar los artículos de la escuela de la misma forma lo que tomas del trabajo. Le sugerí que te ella hablara de esto cuando vengas a casa. Quería advertirte sobre esto antes de que ella se te acerque. Probablemente no se haya dado cuenta de cómo ella percibe lo que tu está haciendo. Ella quiere saber si está bien robar, porque eso es exactamente lo que es. ¿Cómo crees que te acercarás a esto?'*

Esto preparará a Cheryl para la situación y la hará observar de cerca el ejemplo que está estableciendo para sus hijos. Entre usted, decida un curso de acción racional y qué ella debería decirles a sus hijos sobre lo que ha estado haciendo.

Saboteador

'El club comunitario de mi esposa Jane la nombró para hacer café para los participantes en sus reuniones. Odia hacer café, pero en lugar de admitir su renuencia, sabotea y toma un café pésimo. Una vez que usa medio paquete de café, luego un paquete y medio con la esperanza de que nombren a otra persona para que haga el trabajo. Ella hizo esto, hasta que un miembro del comité le preguntó si preferiría intercambiar tareas con otro miembro del comité. ¿Cómo puedo hacerle ver que ella debería ser más directa, no sabotear las tareas que ella no quiere hacer?'

El saboteador realiza los movimientos, pero lucha contra la situación en cada paso del camino. Esta es otra forma de resistencia pasiva. Este tipo de comportamiento en adultos simplemente los hace parecer infantiles e ineptos. Muchos niños actúan de esta manera cuando los padres delegan una tarea desagradable como sacar la basura. Sus padres a menudo tienen que enfrentar un rastro de basura por la acera hasta el cubo de basura externo. El niño cree que, si él o ella hace un trabajo terrible, a alguien más se le delegará la tarea.

Los adultos no son diferentes. Aquellos que sabotean las tareas deben sufrir las consecuencias de sus acciones. Deben hacer la tarea hasta que lo hagan correctamente.

En el caso de su esposa, anímela a ser más honesta con los demás. Si ella no le gusta una tarea, debe decirla, en lugar de usar un comportamiento manipulador para salir de la tarea. Ella es posible que necesite asistir a clases de entrenamiento de asertividad para aprender que manipular a los demás no es tan efectivo como ser directo con ellos.

Problema de fumar

'Cada vez que mi esposa Jessie enciende un cigarrillo, nuestra hija de trece años, Kyla, comienza a decir: 'No solo te estás matando, también nos estás matando'. Ella está repitiendo lo que dicen en su escuela, que la ha hecho sentir preocupada por su propia salud también.

También me parece que el olor de la ropa y el cabello de Jessie está afectando nuestra vida sexual. ella huele a cenicero y me aleja de inmediato. Esperamos tener otro hijo, por lo que fumar causa muchas batallas en nuestra casa. Jessie no puede dejar de fumar por más de un mes a la vez. Me fui hace seis años cuando tuve tos. ¿Qué puedo hacer para obtener una tregua y tener algo de paz en mi casa?'

Las luchas familiares por fumar son virulentas y, a menudo, amargas. Además de ser paciente y demostrar que comprende ella su lado del problema, puede tratar de influir en ella con la siguiente información que ha publicado la Asociación Americana del Pulmón:

- Los niños que viven en hogares con fumadores adultos tienen más probabilidades de tener una peor salud que aquellos que viven en hogares libres de humo.
- La tos no es el único problema de salud que los fumadores ejercen sobre sus hijos. El aire contaminado en la interior causa un 30 por ciento más de problemas respiratorios en los niños cuyos padres fuman que en las familias que no fuman.
- Hijos de padres que fuman, reciben hospitalización con más frecuencia por bronquitis y neumonía durante el primer año de vida en comparación con hijos de no fumadores. El humo de segunda mano también causa irritación en los ojos y los senos paranasales.

- Las mujeres embarazadas que fuman tienen más probabilidades de tener bebés que tienen bajo peso, nacen prematuramente, mueren en su primer año o tienen problemas respiratorios y cardíacos. Alrededor del 25 por ciento de todas las mujeres embarazadas estadounidenses fuman durante sus embarazos. Alrededor del 30 por ciento de las mujeres que fuman, dejan de hacerlo cuando descubren que están embarazadas. Desafortunadamente, mientras tanto, su bebé ha estado expuesto al humo durante su etapa más importante de desarrollo.

'Otro boletín de salud indica que el humo del cigarrillo puede causar una interrupción catastrófica de los cromosomas en los óvulos humanos que puede provocar un aborto espontáneo. Las mujeres que fuman producen algunos óvulos inmaduros que producen fetos altamente anormales que casi siempre resultan en abortos espontáneos.'

Aliéntela a dejar de fumar, recordando que podría ser un sacrificio muy difícil. Sugiérale que determine una recompensa sustancial que puede darse a sí misma si logra detenerse durante un año. Haga que decida cuánto habría pagado por los cigarrillos durante ese año. Tu puede sugerir una segunda luna de miel en Hawai (si eso la tentara).

Si ella no puede parar, al menos pídale que fume fuera de la casa. Dejar de lado una habitación en el hogar para fumar no funciona, porque el humo impregna el resto de la casa con el tiempo.

Agotamiento

'Mi esposa está estresada y nerviosa, está muy dedicada a su trabajo y es una maravillosa esposa y madre que ayuda a sus padres ancianos a hacer sus compras todos los fines de semana, pero rara vez tiene tiempo libre para sí misma. ¿Cómo puedo ayudarla ella a ver lo que ella se está haciendo a sí misma?'

Pídale a su esposa que lea la sección del Capítulo 6 sobre adicción al trabajo. Si la adicción a su trabajo y al estrés continúan por el tiempo suficiente, el resultado casi inevitable será "agotamiento" (anteriormente llamado ataque nervioso). Para verificar signos de agotamiento, hable con ella y hágale las siguientes preguntas:

Ella siente:

- ¿Abajo o deprimido la mayor parte del tiempo?
- ¿Que no hay esperanza de mejora en sus circunstancias?
- ¿A nadie le importa?
- ¿Presión intensa o competencia en el trabajo?
- No importa lo que ella haga, ¿El no será suficiente?
- ¿Ella esta teme colapsar en cualquier momento?

- ¿Ella tiene problemas para comer o dormir bien?
- ¿Se ella encuentra quejándose constantemente?

Si ella siente incluso dos o tres de estos, podría estar en problemas. Ella necesita un descanso completo de todas las presiones de la vida y debe estar bajo cuidado médico. Ayúdela a identificar actividades que puede dejar o delegar a otra persona. No es probable que pueda reducir ella estrés en el trabajo a menos que ella pueda trabajar menos horas.

¿Podrían ayudar usted o sus hijos más en casa? ¿Podría alguien más intervenir y ayudar con ella padres? Las familias que trabajan juntas en equipo pueden ser de gran ayuda para quienes se acercan al agotamiento. Be cuidado de que la situación no se repite en el futuro, porque los adictos al trabajo tienden a volver a los comportamientos anteriores.

Problemas del corazón

'El mes pasado, mi esposa sufrió un ataque al corazón, ahora está en casa, pero los dos no dormimos bien por la noche. Está muy deprimida y no parece seguir todas las indicaciones de su médico. Me temo que Me despertaré una mañana y la encontraré muerta en la cama junto a mí.'

Esto es comprensible dadas las circunstancias. Vaya a un curso de RCP (reanimación pulmonar coronaria). Entonces, si es necesario, puedes hacer lo mejor para revivirla ella. Si su esposa está sola durante largos periodos de tiempo, obtenga un sistema de alerta para usar alrededor del cuello que pueda usar para pedir ayuda en minutos. Esto hará que ambos se sientan mejor y darán más control si hay otra emergencia.

Los pacientes con ataques cardíacos que también sufren de depresión tienen un riesgo significativamente mayor de morir dentro de unos meses después de su ataque. Se cree que los pacientes deprimidos están menos dispuestos o son más capaces de adherirse a su tratamiento y de realizar cambios en su estilo de vida. Algunos tienen una falta de amigos y apoyo de sus familias.

Habla con ella médico sobre tus miedos y para ver cómo está realmente y si tus miedos están garantizados. Aliente a sus amigos y a otros miembros de la familia a brindarle el apoyo que ella necesita durante este período crucial.

La esposa tiene el síndrome premenstrual

'Mi esposa lo está pasando mal. Durante años ella ha tenido cambios de humor terribles. Finalmente, su problema fue diagnosticado como tensión premenstrual. ¿Cómo puedo ayudarla a superar esto?'

Las mujeres que sufren de síndrome premenstrual (tensión premenstrual) no solo tienen un dolor terrible, sino que padecen síntomas emocionales que muchos describen como *'¡pensé que me estaba volviendo loca! Grité... grité... ¡despotricé y enloquecí!'* Son mujeres muy asustadas porque temen que sus salvajes cambios de humor terminen con sus matrimonios o que vayan a dañar a sus hijos.

Hay cuatro síntomas básicos del síndrome premenstrual: ansiedad, retención de líquidos, antojos de alimentos y depresión. Muchas mujeres sufren estos síntomas de forma moderada o severa. Más del 90 por ciento de las mujeres es probable que sufran de una variedad leve que notan, pero no creen que afecte su estilo de vida. Estas mujeres aprenden a hacer más ejercicio, consumen menos sal, azúcar y cafeína y toman vitamina B6.

El tipo moderado interfiere con el estilo de vida de la mujer, pero no es incapacitante. Estas mujeres miran el calendario, tratan de reorganizar los eventos para adaptarlos a su ciclo menstrual y reciben tratamiento para equilibrar su relación estrógeno-progesterona.

El tipo más severo de PMS puede ser incapacitante. Algunas mujeres son propensas a la depresión y pueden volverse violentas y tener ideas suicidas. La mayoría no le cuenta a nadie sobre su desesperación. Según los especialistas, la forma más severa del síndrome premenstrual se puede eliminar al detener la ovulación (a través de medicamentos, embarazo y menopausia).

¿Su esposa podría estar sufriendo de depresión? La depresión afecta a aproximadamente 1 de cada 4 mujeres y 1 de cada 10 hombres. Si es así, anímela a buscar ayuda médica. La persona que sufre de depresión tiene los siguientes síntomas:

- Ella no puede concentrarse, se olvida de las cosas.
- Disminución del deseo sexual.
- Tiene dificultad para tomar decisiones.
- Ella se siente cansado todo el tiempo.
- Ella tiene dolores que no se pueden explicar médicamente.
- Ella es irritable y tenso.
- Ella Se convierte en irritación muy fácilmente.
- Ella ha perdido interés en actividades que solía disfrutar.
- Ella ha ganado o perdido peso.
- No se preocupa por ella apariencia.
- Ella es excesivamente sensible durante la oscuridad del invierno o en día aburrido.
- Sufre de insomnio o duerme demasiado.
- Ella se siente triste, desanimado o sin importancia.

- Está apático (falta de energía) o hiperactivos (no pueden sentarse quieto.)
- Ella tiene pensamientos de suicidio o muerte.

Recuerdo cuando sufrí tensión premenstrual. En ese momento (en los años 60) me trataron con Valium como si se tratara de un problema emocional en lugar de uno hormonal. Afortunadamente, me di cuenta de que mis cambios de humor ocurrían en un momento particular de mi ciclo menstrual y sabía que llegarían y no tomarían la Valium prescrita. Aprendí a aceptar que esto sucediese todos los meses y decidí no dejar que esto afectara mi vida.

Debido a que se habían realizado pocas investigaciones sobre los problemas de las mujeres, las mujeres de los años 60 y principios de los 70 fueron tratadas con tranquilizantes (como si se tratara de una enfermedad mental, no de un problema hormonal). Esto solo aumentó la creencia de las mujeres de que estaban mentalmente enfermas y sus esposos no pudieron evitar preguntarse si se habían casado con alguien con una enfermedad mental.

La medicina moderna ha recorrido un largo camino en el tratamiento de esta dolencia femenina. Ahora, los médicos se dan cuenta de que el síndrome premenstrual ocurre porque el nivel de estrógeno de una mujer es muy alto. Los médicos alientan a todas las víctimas a aprender técnicas de relajación y alivio del estrés y, en casos extremos, pueden recetar esteroides para detener la menstruación.

Menopausia

'Mi esposa acaba de ingresar a la menopausia y sufre de todo tipo de problemas. La que más me afecta es que está tan inquieta de noche que no puedo dormir bien por la noche. ¿Hay algo que pueda hacer para superar esto sin salir de nuestra habitación?'

Las mujeres menopáusicas sufren de muchos síntomas, como sofocos, fatiga, dolor de músculos y sufrimiento emocional (llorar inesperadamente). Casi una cuarta parte de las mujeres de América del Norte informan tener insomnio a la mitad de la vida, que es el doble que en las mujeres más jóvenes. Pueden tomar más tiempo para conciliar el sueño, tener más tiempo de vigilia durante su período de sueño y tener un sueño más ligero y fragmentado.

Las mujeres que informan estos síntomas de la menopausia probablemente se beneficiarán de una combinación de terapia hormonal y de sueño. Su médico le explicará los pros y los contras de recetar hormonas y su esposa puede elegir el mejor tratamiento para ella. Puede considerar tener un dormitorio separado donde uno de ustedes pueda dormir durante esas noches cuando tenga problemas para dormir.

'Mi esposa pasó por la menopausia a la edad de 50. Como oficial superior en una empresa, no podía tolerar los cambios de humor, los sofocos y despertarse noche tras noche con sudores nocturnos, por lo que comenzó a tomar tratamientos hormonales. Ella todavía está trabajando, a los setenta años, y su médico le ha dicho que debe dejar de tomar píldoras de hormonas, que podría tener graves problemas de salud si las sigue tomando. Ella siguió su consejo y ahora tiene síntomas completos de menopausia. Ella está tentada de tomar píldoras de hormonas nuevamente, porque la vida se está volviendo insoportable para ella.'

Haga ella que hable con su doctor nuevamente. Hay muchos remedios naturales que pueden ayudarte ella durante esta transición. Aliéntela a ir a un naturópata o una tienda de alimentos saludables para ver qué pueden sugerir para ayudarla.

Esposa acosada sexualmente en el trabajo

'Mi esposa llegó a casa del trabajo el otro día muy triste y llorando, pasé la noche tratando de averiguar qué le había pasado en el trabajo, al principio me dijo: "Me ocuparé de eso". Pero a medida que avanzaba la noche, ella todavía no se calmó, insistí en que ella me dijera qué estaba mal.

"¡Me están acosando sexualmente en el trabajo!" Ella finalmente explicó. ¡Mi primer impulso fue ir a trabajar con ella al día siguiente y golpear al tipo en la nariz!

"Eso es lo que temía que quisieras hacer, lo que necesito son soluciones al problema, es por eso por lo que no quería contarte sobre esto en primer lugar".'

Con eso, determinamos qué alternativas estaban abiertas para ella. Me quería ella que renunciara a su trabajo al día siguiente, pero ella insistió en que amaba su trabajo y que nadie iba a obligarla a irse.

Decidimos que la mejor alternativa sería llamar a la comisión de Derechos Humanos en nuestra área para averiguar cuáles eran sus derechos y cómo manejar la situación. Al día siguiente, mi esposa llamó a su oficina y dijo que estaba enferma (que realmente no podía trabajar ese día).

La Comisión de Derechos Humanos nos aconsejó que ella debiera documentar todo lo que había sucedido; intenta encontrar testigos de las acciones y si este hombre había acosado a otras mujeres antes. Ella debía enviar copias de esta documentación al hombre que la acosó, a su supervisor y a su gerente. Por ley, si esas supervisoras y / o gerentes "pusieron la otra mejilla" e ignoraron ella difícil situación, ella también podría acusarlos de acoso. Su silencio podría interpretarse como que toleraron el acoso sexual. Debido a sus posiciones jerárquicas, se espera que intervengan y hagan algo para detener el acoso.

Seguimos el consejo de la Comisión. Ella se enfrentó al hombre, él se disculpó y ella obtuvo la seguridad de que no volvería a hostigarla en el futuro.'

Discuto sobre el acoso sexual en varios de mis seminarios explicando qué es el acoso sexual, qué pueden hacer las víctimas al respecto y dónde pueden ir a quejarse formalmente. En las clases donde hay participantes masculinos y femeninos, a menudo recibo comentarios tales como, '¿Por qué deberían los hombres tener que "limpiar su acto" simplemente porque las mujeres ahora están trabajando en un campo dominado por hombres? Ellos son los que están invadiendo nuestro territorio, por lo que deberían acatar nuestras reglas, ¡no nosotros con las suyas!'

Mi respuesta normal a este comentario es: 'Sé que es difícil cambiar tus patrones de conversación debido a este cambio en el lugar de trabajo. ¿Me gustaría preguntarles a todos ustedes que se oponen a limpiar su idioma, ya sea que usen este tipo de lenguaje en casa?'

La mayoría está de acuerdo en que no usan ese tipo de lenguaje en casa. 'Entonces, ¿por qué crees que es aceptable en un lugar de negocios profesional?'

Mi próxima pregunta es: '¿Alguno de ustedes tiene hijas y cuántos años tienen?'

Por lo general, algunas manos suben. Les pregunto: 'Cuando sean lo suficientemente mayores para trabajar, digamos diecisiete, ¿qué harían tú si supieran que alguien con quien trabaja la acosó sexualmente? ¿Qué harías si tu hermana, hija, novia, esposa o madre fueran acosadas?'

Una respuesta común es: '¡Le darle un puñetazo en la nariz!'

Mi siguiente comentario es: 'Cambiemos el esto. ¿Cómo crees los novios, los maridos y los padres de las mujeres a las que estás acosando sexualmente sienten sobre tus acciones? ¿Por qué crees que es aceptable tratar a las mujeres de esa manera?'

Esto generalmente pone la situación en una luz más clara. De repente se dan cuenta de que si les gusta "golpear a alguien en la nariz" si alguien hostiga a su esposa, novia, madre o hija, ¡entonces tal vez la mujer que están acosando tiene un padre, esposo o novio que podría estar pensando en hacer la misma cosa para ellos!

El acoso sexual puede ser:

Verbal

- Contar chistes sucios con connotaciones sexuales;
- Pedir favores sexuales;
- Comentarios sobre la anatomía sexual de uno;

- Perseguir una relación no deseada;
- Cumplidos no deseados con connotaciones sexuales;
- Condescendencia o paternalismo que socava el respeto por uno mismo.

Visual

- Mirando la anatomía sexual de alguien;
- Mantener contacto visual incómodamente largo dando mensajes sexuales;
- Coquetear de forma no verbal;
- Imágenes pornográficas
- Envío de correos indecentes.

Físico

- Toque no deseado y contacto físico;
- De pie demasiado cerca.

Puede tratarse de un hombre que acosa a una mujer (la queja más común), una mujer que acosa a un hombre, un hombre que acosa a otro hombre o una mujer que hostiga a otra mujer.

Por ejemplo: si contaba chistes ofensivos y me negaba a dejar de decirles, otra mujer podría acusarme de acoso sexual (las mujeres acusan a otra mujer). Lo mismo se aplica a un compañero de trabajo que también podría acusarme de acoso sexual si objeta mis bromas lascivas (los hombres acusan a una mujer).

Ella está en el teléfono con demasiada frecuencia

'Mi esposa tiene algo que crece en su oreja llamado teléfono. ¿Cómo puedo alejarla de usar tanto el teléfono tanto?'

Ella probablemente anhela la conversación y la compañía. ¿Le está dando suficiente o está manteniendo su conversación para cuando está en el trabajo? Cuando ella habla contigo, ¿parece que estás escuchando? Consulte el Capítulo 2 para obtener más información sobre otros posibles problemas de comunicación.

También es posible que ella no tenga suficiente para mantenerla ocupada. Aliéntela a involucrarse en trabajo voluntario o tal vez a regresar al trabajo.

Capítulo 8

TRATANDO CON NIÑOS DIFÍCILES

Cuando observo algunas familias, me pregunto quién está a cargo. El niño gime, llora, tiene rabietas y los padres ceden ante el tirano. Es triste ver a niños de tres años gobernando un hogar. Se escucha a él padres decir 'Por decimocuarta vez, ¿dejarás de hacer eso?'

Estos padres no han aprendido la técnica de retroalimentación que eso dice: ¡hazlo tres veces y estarás en problemas! Este proceso debe comenzar cuando el niño tiene dos años para que aprenda a tomar las consecuencias de sus acciones. (Conozco a muchos jóvenes de cincuenta años que nunca aprendieron este concepto). La única forma en que los niños aprenden esto es si el padre les deja saber cuáles serán las consecuencias si continúan haciendo lo que están haciendo.

Por ejemplo: es hora de acostarse y quiere que su hijo recoja sus juguetes. Como de costumbre, él te ignora. Estos son los pasos de retroalimentación que debe seguir para enfrentar el comportamiento:

a) Describa el problema o la situación a la persona que es difícil: *'Johnny, es hora de dormir. Es el momento de recoger tus juguetes.'*

b) Definir qué sentimientos o reacciones de su comportamiento le causa (tristeza, ira, ansiedad, dolor o malestar*). 'Mamá no cree que ella debe ser la de recoger tus juguetes.'*

c) Sugieren una solución o les pedimos proporcionar uno. *'Así que vamos a ver qué tan rápido puede recogerlos arriba.'*

Si él te ignora, repite (a). Si él nuevamente te ignora, pasa a la siguiente fase. Con los niños pequeños, no les preguntas *'¿Por qué sigues haciendo esto cuando sabes que me enoja?'* Los niños pequeños son demasiado pequeños para comprender esta parte de la técnica. Pero explíquele las consecuencias que ocurrirán si él no recoge sus juguetes. *'Si no recoges tus juguetes, entrarán en una bolsa de plástico y no podrás jugar con ellos durante una semana.'* Asegúrate de seguir adelante, y no te debilites antes de que se acabe el tiempo.

Todos los que cuidan al niño deben seguir esta técnica, de lo contrario el niño astutamente usar un adulto contra el otro. Así que asegúrese de discutir esto con todos los cuidadores de niños.

Cortesía a otros

Compartir y cuidarse unos a otros cae en picado cuando las familias dejan de usar la cortesía común y los modales cotidianos entre sí. ¿Por qué no tratan a los miembros de la familia con la misma cortesía que le dan a sus amigos o incluso extraños? Se dejan llevar por los malos hábitos, la familiaridad y una actitud indiferente. Esto prepara el escenario para las acciones de los niños con los demás.

La idea, *'Mi familia me quiere, no importa cómo actúe,'* se convierte en su patrón de comportamiento. A menos que los padres identifiquen y corrijan este hábito negativo, continuará sin disminuir. La familia probablemente se separará.

Los niños, adolescentes y adultos jóvenes se ven muy afectados por la forma en que ven a sus padres tratarse entre sí. Están más molestos por las expresiones de ira no verbales como el sarcasmo, el francotirador y el tratamiento silencioso de lo que originalmente se pensó. Los niños observan cómo sus padres muestran su enojo y cómo actúan después de luchar. La ira no resuelta molesta a los niños y son muy rápidos en tomar la tensión entre sus padres.

Niños tan pequeños como de nueve meses sienten y se angustian cuando sus padres pelean. Argumentos que los padres no han resuelto durante una confrontación, se sientan como bombas de tiempo y los niños esperan ansiosamente que vuelvan a estallar.

Las parejas que permanecen juntas *"debido a los niños"* a menudo se sorprenden por la reacción de sus hijos cuando finalmente deciden separarse. Sus hijos se preguntan por qué sus padres permanecieron juntos.

Los argumentos que expresan enojo de una manera física, golpear y empujar, son mucho más dañinos y difíciles de olvidar para la mayoría de los niños. También aprenden que golpear y empujar durante los argumentos es un comportamiento aceptable. Usan este comportamiento con amigos y compañeros de clase, lo que causa problemas indirectos.

Los niños necesitan saber que los argumentos tienen su lugar. Los padres deben mostrar signos obvios de que un argumento está resuelto y estar dispuestos a negociar o comprometerse. Los argumentos que concluyen cuando los padres se disculpan unos a otros ayudan a los niños a entender que todos los argumentos no son incorrectos. Este tipo de argumento no tiene un efecto duradero en los niños. Aprenden que los argumentos están bien si se resuelven pacíficamente y terminan sin ganadores ni perdedores.

El comportamiento no verbal de los padres a menudo puede ser malinterpretado por los niños y puede causar problemas indirectos. Digamos que mamá entra por la puerta principal y no dice *'Hola,'* como hace normalmente. La reacción de sus hijos probablemente sería: *'¿Me pregunto qué hice mal, porque mamá no me está hablando?'* Con ella silencio, los niños recogen el mensaje equivocado. Mamá debe hacerles saber que ella no está enojada con ellos, sino que está reaccionando a lo que le sucedió más temprano en el día.

Ella podría decir: *'Hola chicos. He tenido un día terrible hoy, así que deme un poco de tiempo para reponerme.'* Debería evitar que sus hijos creyeran haber hecho algo para molestarla.

Mucho que hacer

Muchas parejas tienen poco tiempo para pasar juntas o con sus hijos. Todo se amontona y se encuentran apresurados.

La respuesta a esto es lograr que todos en el hogar participen en la realización de los quehaceres. No son solo los maridos quienes requieren estímulo para ayudar en casa. Algunos niños creen que mamá debe hacer sus camas, despejar sus platos de la mesa y atender todas sus necesidades. Los niños que crecen creyendo que mientras son niños, ellos están en esta tierra para tener nada más que diversión, ven privados de una de las experiencias de aprendizaje más importantes de la vida.

Los padres nunca deberían hacer por los niños ¿Qué pueden hacer por sí mismos?

Si lo hacen, solo crían hijos dependientes, a menudo exigentes, que esperan un *"viaje gratis"* a lo largo de la vida y dependen de eventos externos para hacerlos felices. Estos niños rara vez logran la estimulante sensación de independencia que proviene de saber que pueden hacer lo que sea necesario para tener éxito.

Las parejas que comparten los deberes de la crianza y el hogar, se las arreglan mejor que las parejas que siguen las prácticas tradicionales. Sus hijos son parte del *"equipo"*, se vuelven responsables de sus acciones y participan en el buen funcionamiento de la casa. Ambos padres pueden ayudar a que esto suceda. Ellos se les anima a:

- Pase tiempo individual con cada niño ese que el niño considere como su tiempo "especial" con el padre (muchos eligen irse a dormir como su tiempo privado con su hijo). Esto puede ser de diez a quince minutos cada día y un tiempo fijo en el fin de semana.

- Mantenga un registro de las "otras vidas" de sus hijos: el centro de día, el jardín de infantes, la escuela, los deportes y las actividades artísticas. Animan a sus hijos a mantenerlos informados sobre eventos escolares especiales y toman tiempo para asistir.

- Practica la escucha efectiva y trata de no juzgar. No hacen tiempos con sus hijos inquisiciones. Escuchan lo que sus hijos no dicen al observar su lenguaje corporal.

- Use la administración eficaz del tiempo para eliminar los pasos y tareas innecesarios para darse más tiempo con familias. Establecen prioridades y recuerdan poner a sus hijos en un lugar destacado de su lista.

- Reclute la ayuda de sus hijos o pídales su presencia cuando tu estén haciendo las tareas domésticas, para que puedas chatear con ellos.
- Planifique salidas especiales que se adapten a las necesidades individuales. En una conferencia familiar (discutida en el Capítulo 10) cada miembro declara las actividades especiales que le gusta hacer como familia. Use esta lista cuando planee salidas especiales.
- Conocen su nivel de estrés para que no reaccionen de forma exagerada a incidentes menores con sus hijos. Si han tenido un mal día, le explican esto a sus hijos y preguntan si pueden hablar más tarde. No los pospondrán por mucho tiempo; haga un seguimiento con prontitud.
- No se sienten culpables cuando necesitan 'tiempo privado' y recuerdan honrar la necesidad de privacidad de sus hijos también. (También discutiremos cómo lograr esto en el Capítulo 10).

Encontrar el cuidado infantil adecuado

Mamá ha decidido volver al trabajo, ya sea porque lo desea o porque es económicamente necesario. Está entusiasmada con la perspectiva de regresar al trabajo, pero está ansiosa por los sentimientos contradictorios de volver a trabajar en lugar de quedarse en casa con sus hijos. La idea de buscar a otra persona para que cuide a tus hijos le produce escalofríos. Ella recuerda todas las historias de terror en el periódico sobre abusivas niñeras y abusadores de niños.

A otros les preocupa que muchas niñeras sean de otras culturas, lo que podría complicar la crianza de sus hijos. Lo que estas mujeres realmente están buscando son reemplazos para ellos mismos, pero no es probable que encuentren la combinación exacta para sus necesidades. Deben hacer algunos compromisos, pero nunca a riesgo de la seguridad y el bienestar de ellos niños.

Los padres deben escuchar sus instintos iniciales sobre un posible trabajador de cuidado de niños. Después de todo, los niños son el legado más preciado para el futuro de una pareja. Incluso cuando los sentimientos acerca de la persona son positivos, verificar las referencias de los trabajadores de cuidado de niños todavía es obligatorio. Si todo está en orden, deberían contratar a la persona. Si algo es cuestionable, deberían escuchar sus instintos y buscar en otra parte.

Muchos padres lamentablemente no escuchan sus respuestas instintivas y el resultado son serios problemas.

Cintas negativas

Cuando los niños son pequeños, dependen de quienes los cuidan para que se sientan bien o mal consigo mismos. La mayoría de los padres y cuidadores son cariñosos y quieren que todo salga bien. Desafortunadamente, algunos cuidadores no se dan cuenta de lo que la crítica destructiva puede hacerle al frágil ego de un niño. Las personas escuchan y perciben exactamente lo que quieren escuchar según sus experiencias, valores y prejuicios anteriores.

El nivel de autoestima de los niños está fuertemente influenciado por la forma en que son criticados. La crítica constructiva habla sobre el comportamiento de un niño. Crítica destructiva, por otro lado, es exactamente eso: destructivo. Se come a la psique del niño hasta que pierde su respeto por sí mismo.

Uno tipo de crítica destructiva es etiquetar al niño. Por ejemplo, 'Benny, eres el niño más descuidado que conozco.' Eso es etiquetar a Benny y es una forma de abuso emocional.

'¡Benny, es la tercera vez que derramas tu leche!' Esto discute el comportamiento de Benny. Benny puede cambiar su comportamiento, pero realmente no entiende cómo puede dejar de ser descuidado o estúpido.

Aquí hay ejemplos de críticas constructivas y destructivas que los padres y cuidadores usan con niños vulnerables:

Crítica destructiva: *'No eres tan inteligente como tu hermano.'*

Crítica constructiva: *'Tu realmente sobresalir en los deportes. ¿Podría intentar un poco más difícil obtener mejores calificaciones?'*

Crítica destructiva: *'¿Tu no puede hacer nada bien?'*

Crítica constructiva: *'Sabes que puede hacer algo mejor que esto. Mira lo bien que hiciste en tu última prueba.'*

Crítica destructiva: *'Qué un clutz estás. Que es la tercera vez que usted ha hecho eso mal.'*

Crítica constructiva: *'Tu parecen estar teniendo problemas con este proyecto. ¿Hay algo que puedo hacer para ayudarle tu?'*

Crítica destructiva: *'Tu debería conocer mejor.'*

Crítica constructiva: *'Jim, eres demasiado viejo para estar tirando trucos como ese. ¿Puede usted decirme por qué tu hacer esto?'*

Crítica destructiva: *'Eres una niña traviesa.'*

Crítica constructiva: *'¡Jill no escribir en la pared!'*

Crítica destructiva: *'Eres un mal muchacho.'*

Crítica constructiva: *'Billy, solo he limpiado la casa. Por favor, recoger sus pertenencias y ponerlas en la caja de juguetes.'*

Crítica destructiva: *'¡Jenny, eres la chica más despeinada que conozco!'*

Crítica constructiva: *'Jenny, ten más cuidado cuando estés pintando. Dejan manchas cuando las derramas.'*

Crítica destructiva: *'¡A veces desearía nunca tener hijos!'*

Crítica constructiva: *'Tu ha sido muy ruidoso esta tarde, por favor vaya a su habitación para que pueda tener un momento tranquilo antes de la cena.'*

Crítica destructiva: *'María, esta es una D. ¿Qué tan estúpido puedes ser?'*

Crítica constructiva: *'Mary, hablemos de su boleta de calificaciones. Estoy preocupado por la D que tienes en matemáticas.'*

Crítica destructiva: *'¿Por qué siempre te vistes como un cerdo?'*

Crítica constructiva: *'Lennie, por favor vuelve a tu habitación y ponte una camisa limpia.'*

Crítica destructiva: *'¡Qué mocoso eres!'*

Crítica constructiva: *'Jim, no podemos tolerar ese tipo de comportamiento, no debes arrojar juguetes en la casa.'*

Estos mensajes destructivos y críticos humillan a los niños y son casi imposibles de tratar para el niño. Vienen de una persona en una posición de poder. Esto (como debería esperarse) pone al niño a la defensiva y les da sentimientos negativos sobre sí mismos. La mayoría de estos comentarios etiquetan al niño y le dan él o ella sentimientos de culpa por no ser lo que los poderosos adultos quieren que sean.

Si le diste una etiqueta a alguien, discúlpate de inmediato. Diga, *'Lo siento. No merecías ese comentario. Lo que quise decir fue...'* Luego discute el comportamiento que te ofendió.

Muchos padres han etiquetado a los niños con tanta frecuencia que los niños crecen con "cintas negativas" que se repiten a lo largo de su vida adulta. Muchos nunca se deshacen de estas cintas negativas.

Por ejemplo, ¿cómo puede Jenny deja de ser malo? Debido a que los padres no han definido el comportamiento específico que usó Jenny, ella realmente no sabe cómo comenzar a mejorar. Los padres de Jenny le han puesto cintas negativas en ella cabeza y que pueden permanecer allí hasta que esté lo suficientemente madura como para darse cuenta de que las cintas no son ciertas. ¡Pero mira el daño que le han hecho a Jenny mientras tanto!

Si siente que los niños están recibiendo cintas negativas de otras figuras de autoridad, intervenga inmediatamente para corregir el problema. Todos los padres deben sentarse ocasionalmente durante las clases de la escuela de sus hijos para detectar si sus maestros están usando etiquetas para criticar a sus alumnos. Si identifican crítica destructiva, el padre debe hablar con el maestro y, si es necesario, con el director de la escuela. Esté atento a la clase de críticas que brindan las niñeras y los trabajadores de guarderías a corrija a sus hijos.

Usa esta información si estás criticando a los adultos. Si ha criticado a un adulto y lo ha etiquetado como *"tonto"*, esto podría confirmar las viejas cintas negativas. Esto agrega combustible a ellos creencia de que lo que dices es evangelio. Al corregir a los demás (ya sean sus hijos o un adulto) es importante considerar si les está dando una etiqueta o discutiendo su comportamiento.

Si alguien intenta darle una etiqueta negativa (estúpido, ignorante) en lugar de criticar exactamente lo que ha hecho, solicite detalles. Si es necesario, discuta la etiqueta que intentan darle. Recuerde que tiene la opción de aceptar o no las críticas que ellos intentan darle.

Cubro cómo lidiar con las cintas negativas en uno de mis seminarios. Observé que uno de mis participantes estaba escribiendo con una gran sonrisa en la cara después de haber descrito lo destructivas que podían ser las cintas negativas. Era un hombre bien vestido de unos treinta y cinco años, que parecía tener su «acto» juntos. Me pidió que me hablara después de mi clase y me contó su historia.

Cuando él tenía trece años, pasó por la racha de crecimiento que la mayoría de los adolescentes hacen, ¡pero creció seis pulgadas en seis meses! Esto, por supuesto, lo hizo un adolescente muy torpe. Pudo haber sobrevivido a esto, excepto que su familia, sus amigos, sus compañeros en la escuela, sus maestros e incluso su instructor de gimnasio lo siguieron etiquetando. Lo describieron como *"torpe, tonto, descoordinado y carente de destreza"*. Oyó estas declaraciones tan a menudo que incluso él comenzó a creer en las etiquetas.

Cuando tenía quince años, medía seis pies y tres pulgadas; Un candidato perfecto para el baloncesto. ¿Pero, probó el baloncesto? No, porque pensó que era torpe y carecía de destreza manual. Cuando llegó el momento de aprender a bailar con una chica, ¿lo intentó? No, porque él era demasiado torpe. Cuando el intentó arreglar los autos, ¿fue el exitoso? No, porque en su mente, era torpe y carecía de destreza manual.

En mi seminario, él había estado ocupado escribiendo todas las actividades que iba a intentar por primera vez (esta fue la razón de la sonrisa). Como dijo, 'He perdido veintidós años de mi vida pensando que no podría hacer cosas sin siquiera intentarlas. Es hora de probarlos todos. ¡El primer punto de mi lista es aprender a jugar al baloncesto!' Él mostró que nunca es demasiado tarde para cambiar. Piense en lo mucho mejor que hubiera sido si otros hubieran dado una crítica constructiva cuando él era un adolescente.

Disciplina cuando está enojado

Desafortunadamente, los padres hacen comentarios en el calor del momento, sin darse cuenta de que sus comentarios negativos pueden ser 'encerrados' en la vida de sus hijos. Si encuentra que hace esto automáticamente con su hijo, intente lo siguiente:

a. No hables por impulso. Aléjese por un minuto o aléjese mentalmente por un momento y piense en algo que no sea el problema. Cuenta hasta diez.

b. Use el humor siempre que sea posible para controlar su enojo. Por ejemplo, imagine tirar un pastel de crema imaginaria en la cara de su hijo si él o ella hace algo para enojarlo. Esto calmará su enojo y mantendrá su objetividad.

c. Desarrolle respuestas a problemas familiares y trate de usarlos. Si el niño es reacio, considere dar consecuencias firmes si el no hace lo que tú le pide que haga y asegúrese el cumplir.

d. Concéntrese en el comportamiento positivo de su hijo. La mayoría de los niños quieren agradar, pero si la única forma en que perciben que pueden llamar la atención es ser malo, eso es lo que obtendrás de ellos. Intenta hablar con calma sobre la situación. Si eso no funciona (en lugar de gritar o golpearlos) deles aislamiento por su mal comportamiento o empiece a eliminar privilegios. No reaccione de forma exagerada, diciendo o haciendo algo que lamente. Por ejemplo, piense en un momento en que un niño tropezó, se cayó y se rompió algo. Gritarle por romper el objeto es un doble castigo si se lastima cuando cae.

Nalgadas

Nalgadas es un golpe en el trasero del niño; golpear en cualquier otro lugar se considera abusivo. ¿Alguna vez le pegaste a tus hijos? Durante cinco décadas, los profesionales de la crianza de niños han predicado contra las nalgadas por disciplina. No solo duele, también comienza efectos psicológicos negativos y puede ser un precursor del abuso infantil. Una o dos pestañas en la niñez no van a ser dañinas, pero es difícil conocer el límite entre la disciplina y el abuso.

El propósito de la disciplina no es simplemente castigar, sino enseñar. Nalgadas solo castiga y rara vez enseña. Nalgadas detiene las acciones no deseadas, pero solo funciona debido al miedo del niño y la pérdida de confianza en la bofetada. Un niño que recibe una zurra (no importa cuán ligero) puede enojarse demasiado para escuchar lo que dicen los padres. El castigo físico socava todo lo que los padres pueden hacer, por positivo que sea.

Si los niños ven que sus padres están fuera de control, rara vez aprenden autocontrol y atacan físicamente a los demás. Los niños que reciben azotes frecuentes son más agresivos a lo largo de sus vidas. A menudo se convierten en niños acosadores y criminales adultos.

El peor tipo de nalgadas implica el uso de algún tipo de herramienta, ya sea una cuchara de madera, un cinturón o un cepillo para el pelo. Los niños no pueden evitar creer que las personas que son más grandes que ellos, pueden salirse con la suya con la agresión física. Cuando los padres están enojados, piense en cómo debe lucir ese rostro enojado y contorsionado para un niño de dos años. Sería detener la mayoría de los adultos en sus pistas.

Entonces, ¿cómo lidiar con niños mimados, desafiantes y francamente frustrantes? Hay alternativas a las nalgadas. Cualquier forma de disciplina que rompa el ciclo de comportamiento inaceptable es preferible a las nalgadas. Una es el uso de advertencias, pero asegúrese de cumplir con lo que dice que hará si se comporta mal de nuevo.

Para muchos niños, un tono severo o una ceja levantada es suficiente después de haber aprendido a confiar en sus padres y saber que el castigo por la mala conducta será justo.

En lugar de repetir (que de todos modos no escucha), *'Johnny, si lo haces de nuevo, tendré que...'* utilizando la técnica de retroalimentación en el Capítulo 3.

Otro método de castigo es el aislamiento. El niño se ha portado mal, entonces el padre dice: *'No quiero volver a hablar contigo.'* La mayoría de los niños odian el aislamiento. Poco se dan cuenta los padres de que el niño en edad preescolar se siente asustado por este abandono por sus padres. El trato silencioso es un castigo muy cruel. En cambio, el padre haría bien en enviar al niño a otra habitación con el siguiente comentario: *'Cuando esté listo para comportarse correctamente, puede salir de la habitación.'* Esto le da el control del aislamiento al niño sin el terrorífico sentido de abandono.

No los envíe a la habitación donde duermen para el aislamiento, de lo contrario pensarán que la habitación es un lugar negativo y que pueden resistirse a acostarse por la noche.

Asegúrese de que el castigo es peor que la situación original. Por ejemplo, quite todos los juguetes del aislamiento salón tan él o ellas no está jugando durante el castigo.

Asegúrate de que el castigo sea peor que la situación original. Por ejemplo, retire todos los juguetes de la sala de aislamiento para que él o ella no jueguen durante el castigo.

El castigo para los niños pequeños debe ser constante e inmediato. Asegúrese de que el niño sepa cómo superó los límites y que el castigo es la consecuencia. La comprensión simple de causa y efecto (consecuencias) es uno de los conceptos más importantes que los niños pueden aprender. Cuanto antes aprendan los niños esta filosofía, menos problemas tendrán a medida que envejecen. Estoy seguro de que sabes muchos cincuenta y tantos que nunca aprendieron este concepto.

Los padres pueden encontrar problemas después de que consideren necesario disciplinar a su hijo. Después de la disciplina, es posible que quieran asegurarse de que sus hijos sepan que aún los aman, incluso si se han comportado mal. Intentan expresar sus sentimientos abrazando a sus hijos, pero a menudo los niños se van y no dejan que sus padres los toquen. Esto puede causar una reacción defensiva en los padres.

Deben ser pacientes porque más adelante los niños probablemente permitirán abrazos. Los padres deben estar atentos a los signos no verbales de aceptación de sus hijos que desean ser consolados. Ellos edén mostrar esto simplemente volviendo a la habitación donde están sentados los padres.

Tocando niños

Algunos niños nacen inusualmente sensibles al tacto. No son bienvenidos los abrazos reconfortantes. En cambio, encuentran que los abrazos son demasiado calientes y que los brazos de los demás también los confinan. Otros quieren tocar más y trepar a los regazos de sus padres con tanta frecuencia que sus padres anhelan signos de independencia.

Los padres pueden tratar de forzar abrazos a un niño poco dispuesto o forzar a un niño que se aferra a jugar con otros. Los padres deben encontrar otras formas de mostrar cercanía y alentar a sus hijos cuando muestren signos de independencia.

Todos hemos observado niños pequeños que siempre arrastran o agarran un animal de peluche o una manta suave; eso es normal. Sin embargo, otros niños parecen acariciar constantemente sus animales de peluche y mantas. Estos niños literalmente nos gritan que no están recibiendo suficientes caricias. Lo compensan acariciando sus animales de peluche y mantas.

Si ha reconocido esta tendencia en un niño cercano a usted, haga lo posible por cambiar la situación. Desafortunadamente, esto no es tan fácil como podrías pensar. Muchos padres (cuando se dan cuenta de lo que su hijo ha estado diciendo sin palabras) tratan de abrazar al niño. El niño rápidamente comienza a buscar y acariciar su peluche o manta (que ha sido su sustituto de su contacto). Los padres se sienten rechazado y puede dejar de intentarlo. ¡No te rindas! Estos niños podrían crecer con una barricada invisible a su alrededor. Cuando se conviertan en adultos, la gente podría decir acerca de ellos: *'Nunca puedo acercarme a él.'* Lo conozco desde hace diez años y todavía no sé mucho sobre él o ella. "Estas personas están terriblemente solitarias porque mantienen a otros alejados de ellos mental, emocional y físicamente.

'¿Cómo puedo lograr que mi hija acepte mis abrazos?'

Use cualquier medio razonable para que su hija acepte el toque. Haga esto sentándose junto a ella mientras mira la televisión. Mientras ella está distraída, ponla sobre tu rodilla. Puede que no se quede por un tiempo largo la primera vez, pero a medida que aumenta su zona de confort, le permitirá aguantar más tiempo. Pídale que se siente sobre sus rodillas para que ambos puedan dibujar en un libro para colorear. O podría disfrutar de recibir un masaje de espalda por la noche.

Anime a otros parientes cercanos a que también la toquen más, pero asegúrese de que no intimiden al niño con el que se tocan demasiado. ¡No elimines con fuerza osos de peluche ni mantas! Deja que traiga sus chupetes con ella. Pronto la niña dejará atrás sus chupetes.

Enseñe a sus niños a negociar - Fuente: www.garynorth.com

Mi esposa y yo recientemente decidimos abolir las asignaciones de nuestros hijos. Hasta ahora, estamos muy contentos con los resultados. Yo también pienso en los niños

Ahora, cuando vea que hay trabajo por hacer, daré los detalles y mis hijos darán un nombre a su precio. A veces estamos en el blanco; A menudo las negociaciones tienen lugar.

El primer truco fue hacer que mi esposa fuera tan estricta como yo. Ella sintió que, si ellos hacían parte del trabajo, deberían recibir un pago parcial. Mi respuesta, *'¿Has negociado desde el principio?'* En el mundo real, un medio trabajo no vale nada, a menos que ambas partes acuerden por adelantado. Los niños no son estúpidos. Si crea una laguna para que hagan una pequeña cantidad de trabajo y se les pague, lo explotarán.

Una de las lecciones clave que estoy aprendiendo es cuánto subestimo mi propio tiempo. Mis hijos recogen rápidamente lo que va a ser una tarea pesada o un trabajo que consume mucho tiempo. Ellos llevarán a cabo un trato difícil.

Mi hija desarrolló una táctica de negociación interesante. A menudo subía de manera significativa la oferta de un trabajo, y luego, cuando me negaba, contraatacaba por un aumento de .15 €. Al principio pensé, ella no consigue negociar. Luego, cuando cuadré todos los trimestres adicionales al final de la semana, pensé: *'No, es papá quien no negocia.'*

Mi hija también había estado empujando el sobre en algunos trabajos difíciles para el pago. En algunos casos, decidí que las cosas debían hacerse, así que acepté. Me sorprendieron algunas de las cosas que ella asumió, porque parecían muy físicas. Descubrí que ella había contratado a su hermano mayor para que hiciera las pesadas cargas. Subcontratación

Mientras estaba en una dura negociación por un trabajo, su hermanito intervino con una oferta menor. Le dije: *"Trato"*. Ella pensó que era injusto, pero le expliqué que en el mundo real alguien podría competir más.

Mi hijo no estaba feliz al principio. Su asignación disminuyó y la de su hermana aumentó. Ella es joven y no le gustan los trabajos que llevan mucho tiempo. Encontró un nicho haciendo trabajos molestos. Por ejemplo, tengo que hacer una alimentación nocturna de pollos que están en el otro lado de la propiedad. Es una caminata larga. Prefiero estar haciendo otra cosa. No es difícil, solo consume mucho tiempo. Ofreció hacerse cargo de ese trabajo diario por una tarifa semanal.

¿Cómo configuro el valor de un trabajo? Se me ocurrió una estimación de € 1.25 por hora. Esta cifra de € 1,25 solo yo sé. Ese es el tiempo que me lleva hacer el trabajo, no ellos. Si una oferta no alcanza la meta o la cumple, acepto de inmediato. Si se exceden, las negociaciones tienen lugar. Si tenemos dificultades para llegar a un acuerdo, primero considero cuánto trabajo se debe hacer.

Aquí están las reglas que establecimos.

1. Para que se les pague, los trabajos deben realizarse por completo según las especificaciones. Sin pago parcial por trabajo parcial, a menos que se acuerde primero.

2. Si yo o mi esposa nos equivocamos en una especificación (por ejemplo, asumimos algo que no se dijo) nos mordemos la bala y nos damos cuenta de que debemos ser mejores para comunicarnos.

3. Cuidar a las mascotas o limpiarlas después de que ocurran gratis. Todavía hay reglas de la casa.

4. La familia comparte las tareas de rutina de forma gratuita. Servicio de limpieza general, platos, etc. Sin embargo, hay una excepción. Si se hacen cargo de la tarea por completo y cumplen con las especificaciones, es un objetivo justo como trabajo.

Sé que a algunos padres no les gustará la idea de negociar con sus hijos. Miro de esta manera: ¿Quiero que se dobleguen ante las figuras de autoridad en el futuro o quiero que puedan acercarse a ellos con confianza y negociar por lo que quieren? Yo soy la máxima figura de autoridad en sus vidas en este momento. Creo que esto sienta las bases para el futuro.

El resultado: se está haciendo más trabajo y mi esposa y yo no lo estamos haciendo. Las habilidades que están desarrollando son habilidades del mundo real que llevarán consigo hasta la edad adulta.

Capítulo 9

PROBLEMAS CON NIÑOS

Niños bien educados

Los padres pueden causar inadvertidamente problemas familiares. Por ejemplo, pueden tener un hijo que se porta continuamente mal, pero también otros que se portan bien. Lo que los padres extrañan es que estos niños con buen comportamiento pueden sentirse excluidos. Sus hermanos que portan mal parecen exigir tanto del tiempo y la energía de sus padres que algunos se sienten tentados a portarse mal para llamar la atención. Asegúrese de dar refuerzo positivo a sus niños que se portan bien.

Los padres enfrentan muchos problemas a medida que sus hijos crecen. Éstos son algunos de ellos:

Hábitos nerviosos

'Mi esposa y yo estamos esperando nuestro primer hijo. Cuando veo niños chupando sus pulgares o mordiéndose las uñas, veo el rojo y siento la necesidad de intervenir para detener el hábito. Otros padres parecen ajenos a este comportamiento. ¿Cómo puedo evitar que mis hijos comiencen estos hábitos terribles en primer lugar?'

Para muchos padres, estos hábitos nerviosos significan que hay algo emocionalmente malo con el niño. En realidad, el veinticinco por ciento de los niños desarrollan hábitos nerviosos que los consuelan y calman cuando enfrentan situaciones difíciles. Concéntrate en encontrar algo que sea reconfortante para el niño que luego no se convierta en un hábito negativo completo.

Los hábitos negativos incluyen morderse las uñas, chuparse el dedo, chupar o pellizcar la ropa, girar o estirar el cabello, desplumarse las cejas, pestañear, aclararse la garganta, encogerse de hombros o golpear con los pies. Otros hacen movimientos repetitivos, como el balanceo. Uno de mis hijos era un rockero y tendríamos que forzar la puerta de la habitación para abrirla cuando él meció su cuna a través de la habitación y bloqueó la puerta. Colocar tapones de goma debajo de las ruedas y alejarlo de la pared le permitió balancearse pacíficamente sin molestar a los demás.

La mayoría de los hábitos desaparecen en tres a doce meses. Cuando los niños están bajo un mayor estrés, muchos vuelven a su comportamiento habitual, incluso cuando son mayores. Los padres nunca deberían castigar a un niño por un hábito. En su lugar, deben ver lo que está sucediendo para causar el estrés y el trabajo del niño para aliviar ese estrés.

Muchos niños no alivian sus impulsos de succión, por lo que el primer elemento que encuentran le llega a la boca. Suele ser un dedo o un pulgar, pero otros chupan mantas y traviesas. Al proporcionar un chupete seguro y bien diseñado, el niño aliviará su instinto de succión y rechazará el chupete cuando ya no sea necesario.

Embarazo tardío

'Acabo de enterarme de que estoy embarazada a los 39 años. Mis otros hijos tienen diez y catorce. ¿Qué efectos positivos o negativos tendrá esto en mis hijos actuales y qué tipo de problemas podría causar mi "llegada tardía?'

El efecto negativo para usted personalmente podría ser que podría detenerlo en su carrera profesional. También podría preguntarse si tendrá la energía necesaria para otros dieciocho años de responsabilidad parental. Puede sentirse aislado cuando mira a sus amigos que han crecido niños y se preguntan si esto afectará su vida social. Tus hijos podrían oponerse a la situación, porque ninguna de las madres de sus amigos tiene más hijos. O los extraños pueden avergonzarlo tu cuando asumen que tu hijo más nuevo es su nieto.

El embarazo tardío tiene muchos aspectos positivos también. Has ganado experiencia valiosa al criar a tus hijos mayores, por lo que probablemente te sientas más seguro de tu capacidad de criar al nuevo hijo. Es posible que haya alcanzado sus objetivos profesionales y agradezca la diversidad. Sus hijos mayores obtendrán una experiencia valiosa al cuidar a un bebé y luego a un niño pequeño.

Tendrá niñeras integradas, porque sus hijos actuales son lo suficientemente mayores como para brindarle ayuda sustancial.

Terribles dos

'Los expertos en crianza de niños han dicho que debería hacer todo lo posible para decir 'No' tan rara vez como sea posible a mis hijos y que debería detenerme y explicar por qué tengo que decir "no". ¿Cómo puedo hacer eso con un niño de dos años que está en constante movimiento, en todo lo posible y más feliz cuando le doy la espalda y él puede descubrir otra nueva forma de meterse en problemas?'

Realmente no es práctico decir: *'Jenny, sería mejor que no metieras el dedo en la toma de corriente. Si lo haces, te encontrarás con el cabello rizado permanentemente.'* O bien, *'preferiría que no volcaras tus juguetes en el inodoro porque es antihigiénico.'* O *'por favor, no comas esa mosca muerta. Tengo algo mucho más apetecible para ti.'*

Cuando los niños están en peligro, un agudo *"No"* puede ser la única reacción adecuada (sin importar su edad). En situaciones que no son de emergencia, en lugar de usar la palabra 'No', distraiga a los niños con actividades que pueden hacer. Si los niños son demasiado pequeños para razonar, esta puede ser la única solución. A medida que maduran, agreguen razonamiento acerca de por qué no pueden hacer algo.

'Mi hijo de dos años es muy brillante, pero el todavía no puedo juntar oraciones. Él es propenso a tener berrinches, especialmente cuando no se sale con la suya.'

Ella está pasando por los *"dos terribles"*. Este es un momento muy frustrante para los niños pequeños. Intentan comunicarse con nosotros, pero no entendemos lo que intentan decirnos.

Comparo esta incapacidad para comunicarme con un adulto que ha tenido un accidente cerebrovascular que afecta su habla. ¡Qué frustrante debe ser para estos dos individuos!

Los padres necesitan dedicar más tiempo y esfuerzo para comprender lo que sus niños pequeños intentan comunicar. Este esfuerzo extra obtendrá muchos beneficios: un niño más feliz y el fin de los berrinches causados por las frustraciones de comunicación del niño.

Decisiones / decisiones

'Marianne tiene cuatro años. Ella tarda una eternidad en vestirse en la mañana y termina con ropa en toda su habitación antes de decidir qué ponerse. A menudo recurro a gritarle ella, porque me temo que llegaré tarde al trabajo. ¿Cómo puedo ayudarla a ir por la mañana?'

El primer paso es eliminar la cantidad de opciones que tiene que ella tomar por la mañana. La noche anterior, deja de lado dos conjuntos de ropa para que ella elija. En la mañana, muéstrale el reloj cuando esperes que esté lista. Déjala ella con los dos conjuntos, dándole ella una cantidad razonable de tiempo para vestirse. No permitas ningún argumento. Si no está lista a tiempo (vestida con uno de los dos conjuntos) ayúdela a vestirse y cumplir con una consecuencia mediante la eliminación de un privilegio (posiblemente sin televisión cuando llegue a casa desde la guardería).

Berrinches

'Mi hijo arroja juguetes, tiene berrinches y generalmente es un tirano. Mis amigos han dejado de traer a sus hijos, porque él es muy violento con ellos. Me temo que se está convirtiendo en un matón.'

La mayoría de los niños tienen rabietas para llamar la atención o expresar frustración. Esta es la razón por la cual los *"terribles dos"* son a menudo el momento en que los niños comienzan a recurrir a los berrinches. Los padres deben informar al niño que su comportamiento es inaceptable. Deben ser enviados al aislamiento (lo contrario de lo que esperaban obtener con su diatriba) y les dicen que pueden salir cuando estén listos para comportarse adecuadamente. Después de que se hayan calmado, hable sobre su comportamiento y descubra qué había detrás de su explosión.

'Mi hija tiene cuatro años y todavía tiene rabietas. Se produce una pequeña desilusión y ella patea el suelo y grita.'

Si los niños pierden los estribos y expresan su enojo de maneras inapropiadas, es importante mirar más allá del estallido para detectar qué lo causó. Notarás que detrás de cada estallido hay una sensación negativa con la que el niño no ha aprendido a lidiar.

Por ejemplo, si le dijiste que se acostara y ella recurriera a una rabieta, es posible que descubrieras que estaba en medio de un juego importante con su hermano mayor (ella estaba ganando). Esto no significa que te rindas a la rabieta. En lugar de eso, explíquele que, si ella le hubiera contado sobre la importancia del juego, en lugar de gritarle, podría haberle permitido terminar el juego.

Señale que todos deben lidiar con situaciones embarazosas o frustrantes ocasionales. Debido ella a que tuvo una rabieta (en lugar de explicar su necesidad de terminar el juego) tendrá que irse a la cama sin una historia para dormir (u otra retirada de privilegios).

Nunca recompenses el comportamiento inaceptable con privilegios.

Si ella tiene rabietas en público, quítala ella de inmediato. Explique que, en el futuro, ella tendrá que quedarse con una niñera y perderse excursiones especiales debido a su comportamiento. Esta táctica es especialmente efectiva si hay otros niños con buen comportamiento que acompañarán a los padres mientras niño que se está comportando mal se queda en casa con una niñera. Esto normalmente evita que el mal comportamiento se repita.

Niño hiperactivo

'Mi hijo es tan hiperactivo que tiene problemas para calmarse por la noche.'

Debe asegurarse de que él tenga un período de silencio antes de acostarse y una dieta estricta que sea especial para sus necesidades. Si él tiene problemas para establecerse por la noche, intente lo siguiente:

- Asegúrate de que el haya visitado el baño.
- Haga que se acueste en su cama.

- Pídale que se relaje y cierre los ojos (sin mirar).
- Dé un suave masaje corporal, desde la cabeza hasta los pies, el frente y la espalda: tenga cuidado de no hacer cosquillas. (¡No pressures esto!)
- Luego, con un toque tan ligero como una pluma, acaricia el rostro, mejillas y barbilla con la punta de tus dedos.

En este momento él está en la última etapa y, por lo general, estará cómodo y relajado. Esto también funciona bien para niños cansados.

Cambio de comportamiento

'Mi hijo de siete años ha cambiado drásticamente el comportamiento en el último mes. Se ha pasado de ser un niño feliz y bien ajustado, a uno que tiene cambios de comportamiento entre rabietas y retirada. ¿Cómo podemos investigar esto sin empeorar las cosas?'

Habla sobre el comportamiento y pregúntale (de una manera no amenazante) qué está sucediendo. 'No es como que tengas rabietas y te enojes de esta manera. ¿Qué pasó para enojarte tanto?'

Haz lo mismo por el síntoma de retirada. Puede encontrar que el enfrenta problemas serios en la escuela o con su grupo de compañeros. Estos comportamientos son a menudo la señal de que alguien en la escuela está intimidando al niño. La ansiedad reprimida y la ira en su situación podrían demostrarse como berrinches en casa. Aquí es donde él se siente más seguro al expresar su ansiedad, frustración e ira. Saber que te preocupas por él, los iniciará a ambos en el camino hacia la solución de él problema.

Si no explica su comportamiento, hable con su maestro e incluso con sus amigos sobre su comportamiento para que sepa qué problemas ocultos existen para su hijo. No dejes que la situación se resbale o el comportamiento podría empeorar. Considere obtener asesoramiento profesional si los intentos previos no corrigen el comportamiento.

Hacer frente a la intimidación

'Mi hijo de ocho años está ansioso e infeliz. Se queja de dolores de estómago sin una causa médica; se resiste a ir a la escuela y sus calificaciones disminuyen; tiene pesadillas y llora ante el más mínimo incidente. Finalmente explicó que un niño en la escuela lo empujaba e intentaba hacerlo pelear. ¿Cómo puedo ayudarlo a lidiar con los matones?'

Los matones se divierten molestando a otros y golpeándolos. Sus víctimas a menudo son silenciosas, sufren en silencio y no buscan ayuda. Los matones son visibles, por lo que generalmente reciben asesoramiento, pero sus víctimas rara vez lo hacen.

Comience por tener una discusión con los maestros de su hijo. Muchas escuelas primarias ayudan a estos niños acosados ofreciendo clínicas especiales para ellos. Actúan como partes intimidantes donde son objeto de insultos y burlas, para que puedan aprender medidas efectivas cuando se trata de compañeros de juego agresivos. A menudo, las situaciones de juego de roles provienen de problemas experimentados por uno de los miembros del grupo.

Las clases se concentran en desarrollar el nivel de autoestima de los niños que les ayuda a enviar el mensaje de que *'no soy alguien a quien puedan victimizar fácilmente.'* Se vuelve más fácil para ellos decirles a otros estudiantes que dejen de molestarlos o que se alejen de situaciones amenazantes sin sentirse como un fracaso. Si el maestro no coopera, hable con el director. Haga todo lo que pueda, antes de recurrir a cambiar las escuelas para su hijo.

Otro enfoque es hablar con los padres del acosador. Desafortunadamente, los niños que son agresores a menudo provienen de hogares disfuncionales y sus padres pueden no cooperar. Considere involucrar a la policía presentando cargos de agresión contra el acosador. A menudo, hacer que un oficial de policía lo reprenda, dará lugar a cambios positivos en el comportamiento del agresor.

Si los padres observan que su hijo muestra sentimientos de dolor o enojo por destrucción deliberada o enojo excesivo hacia los demás, es posible que sea un matón. Lo muestra arrojando cosas, rompiendo los juguetes de otros, golpeando o mordiendo a los demás. Cuando un niño se deleita torturando a los animales u otros niños, es una señal segura de que se necesita ayuda profesional. Es importante analizar qué hay detrás del comportamiento destructivo del niño. Si este patrón de comportamiento aparece en los primeros años de vida, la ayuda profesional puede estar en orden. Si no se trata antes de que el niño ingrese al sistema escolar, su patrón destructivo puede escalar hasta que otros (maestros) insistan en que obtenga ayuda profesional.

Cuando la destrucción de un artículo por parte de los niños es deliberada, puede ayudarlos a manejar los resultados al enfatizar los derechos de los demás. Luego, identifique los costos de reparación del artículo roto. Los niños deberían tener que reemplazar o arreglar lo que quiebren. Valore las tareas que pueden realizar para que puedan pagar los daños que han causado. (Este es un fuerte argumento a favor de las asignaciones regulares para el trabajo realizado).

¡Para obtener más información sobre acoso escolar, puede obtener una copia de mi libro titulado: *¡Tratando con intimidación en escolar - vergüenza educativa de la sociedad!*

Niño Perdido

'Mi mayor temor es que mi hijo salga a jugar y simplemente desaparece. ¿Cómo puedo evitar el pánico cada vez que mi hijo está fuera de mi vista?'

Acabas de describir uno peor pesadilla de padres. Los titulares a menudo impactan a los padres a tomar medidas de emergencia. Los padres prohíben que sus hijos visiten los parques por su cuenta, los llevan a la escuela y les advierten repetidamente que no hablen o que no vayan con extraños. Desafortunadamente, los padres exagerados pueden alarmar a los niños innecesariamente. ¿Entonces, cuál es la respuesta? Requieren herramientas que les permitan determinar por sí mismos cuando una situación no es correcta.

Cuando sus hijos tengan la edad suficiente para jugar solos con sus amigos, asegúrese de que comprendan que siempre debe saber dónde están. Hacer que tus hijos te llamen cuando abandonan sus casas de compañeros de juegos te permitirá mirarlos mientras viajan a casa. Puede pedirles a las otras madres que lo llamen antes de que sus hijos se vayan o que los acompañen a casa.

Cuando sus hijos entiendan a qué se deben llamar partes del cuerpo, asegúrese de que que, tienen permiso para rechazar cualquier contacto que les resulte incómodo. Deben decirte de inmediato si esto sucede. Asegurándose de que estén seguros en las calles incluye:

- Enséñales los diferentes señuelos (cachorro, cono de helado) y no aceptes regalos de personas que no conocen.
- Anímalos a estar con un amigo.
- Hacer preguntas como: *'¿Qué harías si un extraño te ofrece un perrito o un cono de helado si quieren que los acompañes?'* Definir claramente lo que es un extraño. Por ejemplo, el cartero que ven todos los días no es necesariamente alguien que conocen.
- Establezca una palabra clave para ser utilizada en emergencias.
- Asegurándose de que sepan su dirección y número de teléfono y nunca digan que están solos si responden el teléfono.
- Prometiendo decirte si alguien les pidió que ocultaran un secreto.
- Animarlos a que no entren en las casas o vehículos de las personas sin avisarles y que se alejen de un automóvil que se detiene a su lado si no conocen al conductor.
- Advirtiéndoles de no jugar en edificios desiertos o áreas aisladas.
- Aconsejarles ellos que griten y esparzan libros y pertenencias si los obligan a dirigirse hacia un edificio o automóvil.

- Prometiendo decirte si alguien te pidió que te ocultara un secreto.
- Advirtiendo a los niños no hacer autostop o tomen atajos a través de campos o callejones.
- Si los atacan por dinero, joyas o ropa, en dáselo a ellos para que no corran el riesgo de lesionarse.
- Te llamará en cualquier momento para recogerlos si están en problemas.
- Asegurarse de que sus hijos sepan a quién pueden acudir en busca de ayuda: agentes de policía, vigilancia del vecindario y maestros. Póngase en contacto con un bloquear padre o centro de cuidado infantil organizaciones para obtener detalles.
- Discutir qué deberían hacer, si se pierden en una tienda o se van de la casa.

'Odio ir de compras con mi hijo de dos años porque insiste en correr libremente y se niega a sentarse en el carrito de la compra. ¡No me puedo distraer o él se ha ido!'

¿Quién es el jefe aquí? Antes de ir de compras, pregúntele si el preferiría quedarse con una niñera o ir de compras con usted. Si él dice que quiere ir de compras con usted, tiene dos opciones:

a) Siéntate en el carrito de compras o,

b) Use un sistema de seguridad (generalmente un dispositivo que tiene un lazo alrededor de la muñeca que se conecta a usted de alguna manera).

No le dé alternativas, si el lloriquea, déjelo en casa la próxima vez.

Hay muchos buenos libros y videos disponibles para ayudar a padres y niños a desarrollar la inteligencia callejera y las habilidades de seguridad. La mayoría son gratuitos en bibliotecas y videoclubes.

Niños inteligentes de la calle

Los videos incluyen:

Niños seguros (cuándo llamar al número de emergencia local (911 o 000, etc.), primeros auxilios, incendio y seguridad, manejo de extraños).

Niños fuertes, niños seguros (extraños, abuso infantil y secuestros).

Los niños también tienen derechos (abuso infantil, privacidad, niñez despreocupada).

Los libros incluyen:

Benjamin Rabbit y el extraño peligro, por Irene Keller

Juega seguro, por Kathy Kyte

¿Quién es este extraño y qué debo hacer? Por Linda Girard
Cómo criar a un niño inteligente de la calle, por Grace Hechinger.

Favoritismo

'El otro día, mi hija dijo: "Tú amas a Jimmy mejor que yo". Estaba terriblemente molesto cuando dijo esto y creo que realmente creía que sus comentarios eran ciertos. Mi esposa y yo hacemos todo lo que podemos para tratar a nuestros hijos por igual. ¿Qué está pasando aquí?'

Comienza preguntándole por qué se siente de esa manera. Podrías mostrar favoritismo a un niño sobre otro y no ser consciente de ello. Analiza cómo te sientes realmente con respecto a tus dos hijos. Es común y normal que las personas prefieran un hijo sobre otro, pero deben trabajar para ser menos tendenciosos. Al corregir a un niño, siempre tenga en cuenta que es el comportamiento del niño al que se opone, no el niño en sí.

Cuestiona tus respuestas al comportamiento de tus hijos, para ver si estás permitiendo el favoritismo. ¿Esperas un comportamiento similar de todos tus hijos o dejas que tu favorito se salga con la suya con acciones para reprender a otros? Si te encuentras mostrando favoritismo, admítelo a ti mismo y a tus hijos y jura no volver a hacerlo.

Es especialmente difícil para los padres cuando un niño tiene un temperamento notablemente diferente. El niño puede ser sociable y gregario, mientras que el padre es callado y contemplativo. Acepte que es diferente y haga todo lo posible para adaptarse a sus diferentes tipos de personalidad fomentando los talentos y habilidades de sus hijos.

Por ejemplo, podría decir: *'Me gustaría poder comunicarme tan bien como tú. Siempre te sientes capaz de decir lo que quieres decir cuando quieres decirlo.'* Todos aprecian este tipo de cumplidos.

Tímida hija

'Mi pequeña hija es una niña tan tímida, solitaria y llorosa que es doloroso verla. ¿Qué podemos hacer para ayudarla?'

La timidez y la soledad de los niños pueden ser una fase de desarrollo o el podrían ser parte de ansiedades y vulnerabilidades que podrían durar toda la vida.

Todos somos tímidos o nos sentimos solos o ansiosos bajo ciertas circunstancias. Los niños tímidos necesitan la ayuda de sus padres para enfrentar sus factores estresantes, pero si sus padres son sobreprotectores, los niños sensibles tendrán problemas para controlar sus emociones.

Hay dos tipos básicos de soledad: la soledad social, que proviene de no tener amigos con quienes jugar y la soledad emocional, que sucede cuando el niño no puede expresar sus pensamientos más íntimos.

Los niños tímidos a menudo se sienten ansiosos. La ansiedad incluye un corazón acelerado, palmas sudorosas, ruborizarse o sentimientos de pánico. Muchos son buenos para enmascarar estos sentimientos, pero su hija no ha progresado a esa etapa. Los niños más pequeños son más perceptivos de lo que pensamos. Recogen la tensión y la confusión en el hogar y a menudo muestran sus sentimientos siendo tímidos, aferrados y ansiosos.

Ella podría sentirse incómoda con gente nueva, nuevos alimentos y nuevos desafíos. Para la mayoría de los niños, esta es una fase pasajera. No permita que otros le molesten a su hijo sobre ella timidez. Observe que no está dando cintas negativas a su hijo al etiquetar ella acciones.

Aliente a su hija a ensayar situaciones difíciles con usted, reconociendo que estas situaciones pueden ser difíciles de superar. Evite colocar a su hijo en situaciones abrumadoras, como reuniones familiares donde hay demasiadas personas para ella nivel de comodidad. Puede dejarla jugar en una habitación con un primo favorito, en lugar de insistir en que se una al resto de la familia.

Dele la oportunidad de ser una persona informada invitándola a visitar a un niño más joven y tranquilo. Es probable que ella sea la líder, que puede proporcionarle el impulso de autoestima que necesita. Si ella espera ser parte del grupo *"élite"* en la escuela, explicarle que la popularidad no siempre es tan gratificante como las amistades. Explica los beneficios de tener algunos buenos amigos que ella realmente le gustan.

La calidad que hace que estos niños sean tan sensibles puede ser uno de sus activos más valiosos más adelante en sus vidas. Son excelentes consejeros y trabajadores sociales debido a su naturaleza sensible y afectuosa. Un buen libro sobre el tema es: **Timidez: qué es, qué hacer al respecto**. por el Dr. Philip Zimbardo.

Niño rechazado

'Mi hijo me contó una historia sobre lo que sucedió en la escuela el otro día". Todos en su clase habían recibido tarjetas de San Valentín el uno del otro excepto un chico. Al menos la mitad de la clase (que incluía a mi hijo) había firmado una tarjeta casera que identificaba al niño como un "nerd". Había otras cláusulas más descriptivas también. ¿Cómo debería haber tratado con esta situación?'

Comience por preguntarle a su hijo: *'¿Por qué usted y sus amigos le hicieron eso al niño?'* (Es posible que su acción fue en represalia por algo que el niño le había hecho a uno de ellos anteriormente). Luego pregunte, *'¿Cuál cree que hubiera sido una mejor manera de manejar la situación? ¿Cómo te sentirías si hubieras recibido esa carta? ¿Qué crees que deberías hacer cuando vuelvas a ver al niño?'* Intente alentar a su hijo a ver el otro lado del problema.

'¡Mi hijo fue quien recibió la tarjeta de San Valentín!'

Es desafortunado, pero entre el cinco y el diez por ciento de los niños en edad escolar primaria son rechazados por sus compañeros de clase en la escuela. Algunos reciben rechazo debido a su capacidad académica o física restringida o debido a su falta de atractivo físico. Otros pueden no ser aceptados debido a su retirada de otros, su estilo de vestimenta, origen religioso o étnico o incluso un primer nombre diferente. Algunos pueden ser egoístas, mandones y desagradable.

Los niños con actitudes agresivas promueven el rechazo más notable de otros niños. A menudo, sus únicos amigos son otros rechazados agresivos, otros agresores o aquellos no aceptados por otros. Estos niños no solo tienen infancias infelices con pocos o ningún amigo, sino que también son propensos a una gran cantidad de problemas en etapas posteriores de la vida, como depresión, absentismo escolar o problemas con la ley. Los adolescentes rechazados abandonan la escuela secundaria siete veces más que los estudiantes aceptados. Los problemas de salud mental en adultos a menudo giran en torno a si otros los aceptaron durante su infancia.

Examine el comportamiento de su hijo para ver si alguno de estas se aplica a él. ¿Es esto un incidente aislado? La preocupación es necesaria solo si el son rechazados repetidamente por un largo tiempo. ¿Los amigos de su hijo son aceptados por otros? Cuando lo observas el cuándo él está con otros, ¿qué comportamientos podría estar usando que necesitan un ajuste? Él puede necesitar ayuda con su resolución de problemas y habilidades sociales.

Los niños populares se sienten con el control y es posible que su hijo no se sienta en control en ningún aspecto de él vida. él probablemente necesite cumplidos auténticos de adultos en su vida. Cuando él se sienta bien consigo mismo, no sentirá la necesidad de mostrar sus frustraciones, ya sea a través de un comportamiento agresivo o de retirada. Tu objetivo debe ser asegurarte de que él se sienta cómodo consigo mismo. Si esos esfuerzos no funcionan, considere buscar asesoramiento profesional.

Luchando niños

'Mis dos hijos están en la garganta del otro todo el tiempo.-.las batallas nunca se detienen, ¿cuándo debería intervenir?'

Intente hacer que sus hijos resuelvan sus propios problemas a menos que se hayan vuelto agresivos física o emocionalmente. Si eso sucede, sepárelos y tome las medidas necesarias para evitar que la conducta suceda en el futuro. Mire detrás del comportamiento para ver por qué están actuando de esa manera. El comportamiento agresivo es a menudo la manera en que los niños expresan los sentimientos heridos porque no conocen otra forma de expresar su frustración.

Manipulador de niños

'Nuestra hija se ha convertido en una experta en la manipulación de nosotros, sus padres, y el mes pasado comenzó a jugar con nosotros si quiere hacer algo. Si el primer padre dice "No" ella se dirige al otro (quien ha dicho que sí varias veces). Debido a que mi esposa y yo venimos de diferentes orígenes, a menudo no tenemos la misma reacción a las solicitudes. ¿Cómo podemos lidiar con la manipulación de ¿este niño?'

Lo que se necesita aquí es un frente unido de ambos padres. Establezca reglas de la casa que aborden problemas anticipados. Por ejemplo, ¿cuándo es la hora de acostarse y bajo qué circunstancias puede variar el tiempo? Intenta ser consistente en tus respuestas.

Cuando ella le pregunta si puede hacer algo, inmediatamente pregunte: *'¿Qué dijo tu madre?'* Pronto le harás saber que ella ya no puede salirse con la suya con el esquema de dividir y conquistar. Si no está seguro de qué respondería su cónyuge a su solicitud, dígales que se los hará saber. Si es algo que ella debe saber de inmediato, diga: *'Vamos a preguntarle a mamá qué cree que debes hacer.'*

Tenga en cuenta que uno de ustedes no se vuelve el *"pesado"* al usar expresiones como, *'¡Solo esperen a que su madre llegue a casa!'*

Aprende a disciplinar cuando ocurre la acción. La única vez que debe posponer la disciplina es si siente que no tiene control sobre sus respuestas. Espere hasta que haya tenido tiempo de calmarse antes de abordar el problema.

Contando historias sobre otros

'¿Qué debería hacer cuando mis hijos informan lo que otros niños están haciendo?'

Decirle a los demás es una especie de juego de poder: una forma en que los niños intentan hacer que los demás se vean mal. La forma más común es hermanas y hermanos y es parte de la rivalidad entre hermanos. Es un método que usan los niños para aliarse con sus padres. Esperan aprecio, recompensas, amor extra y atención por contar historias sobre otro niño.

Los niños pequeños pueden sonar como si se estuvieran convirtiendo en chismosas, pero es posible que simplemente le estén dando a sus padres información que creen que deberían tener. En esta etapa, la malicia rara vez es la razón de sus chismes. Para este problema:

1. Explícale al niño que están chismorreando y cómo te sientes al respecto. El niño debe entender la diferencia entre hablar sobre asuntos sin importancia y describir hechos importantes, como otro niño que necesita ayuda. Su hijo debe saber que puede acudir a usted si está realmente asustado por algo que otro niño está haciendo. Esto podría ser correr a la calle sin mirar para ver si vienen coches o si otros juegan con fósforos.
2. Trate de no prestar atención a los chismes, pero no ignore al niño.
3. No asuma que el chisme es correcto y castigue a la persona con la que habló. Investigue cuidadosamente antes de actuar, de lo contrario, el chismoso creerá que tu ha tolerado el comportamiento.

Acostado

'¿Cómo puedo saber cuándo mis hijos me mienten?'

Enfrentémoslo, tus hijos te habrán mentido en el pasado y es probable que lo hagan en el futuro. El razonamiento habitual detrás de la mentira es evitar el castigo por una fechoría y más tarde debido a la presión de los compañeros.

Cuanto más viejo es el niño, más convincentes se vuelven y más probable es que piense que la mentira es correcta. A la edad de doce años, ya no consideran la mentira como incorrecta y, como adolescentes, la mayoría de ellos se convierten en buenos mentirosos.

El respeto por los padres ayuda a los niños a resistir la presión de los compañeros, pero la influencia de los compañeros aumenta con la edad. Es difícil luchar contra la presión ejercida si su hijo ingresa con una mala multitud. Si es necesario, los padres pueden tener que cambiar la escuela del niño o enviarlo a pasar un verano con sus parientes.

Picos mentirosos a los catorce años, cuando los niños se vuelven más seguros. Si los padres tratan con ellos como personas independientes, la lucha por el poder disminuye y aprenden el alto costo de ser atrapado. Cuanto más inteligente sea el niño, menos trampa hará, posiblemente porque se da cuenta de que las consecuencias de ser atrapado no valdrían la pena correr el riesgo de ser atrapado.

Lo que los padres hacen acerca de la mentira, determina si sus hijos mienten a menudo y cuán en serio. Los niños más pequeños pueden aprender de los cuentos morales sobre las personas que mienten. Por ejemplo (si son fanáticos del deporte) explique que debido a que Ben Johnson fue acusado de tomar esteroides, sus mentiras evitan que la gente confíe en él ahora. Describa cómo cuanto más mienten, menos gente confía en ellos y más cuestionarán su honestidad. Identifique las diferencias entre las pequeñas mentiras que salvan los sentimientos de las personas y las mentiras que traicionan la confianza.

¿Cómo puedes saber si tus hijos están mintiendo? Mire el lenguaje corporal. Cuando los niños están orgullosos de lo que han logrado, están abiertos con su lenguaje corporal. Muestran sus manos abiertamente. Cuando se sienten culpables o suspicaces, esconden sus manos en sus bolsillos o detrás de sus espaldas. Si los acusas de algo, es probable que te miren incrédulos.

Sin embargo, no adquieras el hábito de asumir que tus hijos mienten. Es mejor ser engañado que no creerles cuando dicen la verdad. Cuando los encuentre diciendo una mentira, dé una disciplina por separado para la mentira y la ofensa, asegurándose de que el castigo sea apropiado para el delito. Explique que son sus mentiras las que no le caen bien a usted, no a ellos (maneje su comportamiento, no ellos como personas). Mira lo que están mintiendo acerca de. ¿Podría haber una causa subyacente?

Muéstreles con el ejemplo al admitir tus errores, luego muestre cómo lidia con ellos y corrija sus errores. Consulte el Capítulo 4 - Lenguaje corporal para obtener más información sobre la mentira. Un buen libro sobre este tema es **Por qué los niños mienten** de Paul Ekman.

Enfermedades falsas

'¿Qué hago cuando mi hijo finge estar enfermo?'

Mire con atención las veces que cree que su hijo está fingiendo una enfermedad. ¿Es temprano en la mañana y posiblemente él no quiere ir a la escuela? ¿Es solo en días lluviosos? (¿Podría el tener miedo al rayo o al trueno?) ¿Es cuando se acerca una prueba? ¿Sucede los dos días a la semana que trabaja lejos de la casa? (¿Él quiere que te quedes en casa, entonces estarás allí cuando regrese a casa de la escuela?)

¿Pretende su hijo estar enfermo justo antes de que sea hora de su clase de piano? ¿O sucede a la mitad de la noche (¿que podría ser una enfermedad legítima o podría él tenerle miedo a la oscuridad?)

Los niños que se quejan regularmente de una enfermedad pueden estar inconscientemente usando sus cuerpos para expresar descontento sobre lo que está sucediendo en sus vidas o como una forma de mostrar estrés. Es una manera de llamar la atención sobre sus problemas que muchos padres pasan por alto. Pueden copiar los síntomas que han visto usar a sus amigos u otros miembros de la familia para llamar la atención.

Si su médico ha descartado las razones físicas y el niño todavía se queja de una enfermedad, en lugar de decirle que sabe que está fingiendo una enfermedad, tranquilícelo diciéndole que desea saber qué está causando su enfermedad. Pregúntele acerca de los sentimientos que experimenta cuando se queja de dolor. Pregunte sobre el trabajo escolar, cómo él se lleva con sus amigos y cualquier otra cosa tu crea que pueda estar causando la dificultad. Esto puede liberarlo para hablar sobre sus problemas ocultos.

Cuando él se sienta mejor, preste más atención y demuestre que tu valora Él empresa al pasar tiempo con él. Si la enfermedad persiste y el médico descarta una enfermedad física, puede ayudar al niño (y a menudo a los miembros de la familia) a ver a un consejero.

Por otro lado, algunas madres extrañan a sus hijos mucho más de lo que los niños los extrañan y sufren de ansiedad por separación. Cuando están acostumbrados a ser el centro del mundo de sus hijos, puede ser solitario que los padres sean marginales con la vida de sus hijos. Algunos niños faltan a la escuela debido a quejas tales como dolores de cabeza y malestar estomacal. Lo que asusta a muchos de ellos no es la escuela, sino dejar a sus madres, que dependen de ellas para su compañía y consuelo. Estos padres pueden alentar a sus hijos a ir a la escuela, pero su comportamiento no verbal muestra que todavía los quieren en casa.

Están constantemente preocupados por la salud de los jóvenes y los mantienen en casa por la razón más pequeña. Con frecuencia, se necesita asesoramiento profesional para que la madre y el niño rompan el ciclo.

Para garantizar que esto no suceda, los padres deben tener otros intereses además de sus hijos. Aquí es donde los buenos amigos, los pasatiempos y un estilo de vida desafiante son la mejor defensa contra la soledad de los padres.

Estereotipos sexuales

'Mi esposa y yo nos quedamos pasmados cuando nuestro hijo de cinco años le dijo a su hermana menor: 'Lástima que seas una niña. Los chicos son mejores ". ¿De dónde viene eso? ¿Dónde nos equivocamos?'

Los niños pasan por muchas etapas para descubrir qué son, quiénes son y cómo encajan en la sociedad. Independientemente de por qué sucede, a la edad de dos o tres años, los niños saben que son niñas o niños y tienen una idea de dónde encajan ellos y otros. Una pregunta que podríamos hacer es; a un niño le gusta hablar mal porque así es como su padre juega con él o le gusta porque está genéticamente predispuesto a hacerlo.

Los niños deciden el sexo de los demás por sus apariencias externas, su ropa, su apariencia física y la longitud del cabello. Un niño de tres años que observa a un hombre con cabello largo puede insistir en el que es una mujer y ninguna cantidad de discusión cambiará esto. Los niños de dos años pueden estar bastante molestos si alguien piensa que son un diferente sexo.

Los preescolares a menudo mezclan fantasía y realidad. Por ejemplo, podrían creer que los hombres son más inteligentes porque tienen cabezas más grandes; porque su niñera es una niña, todas las niñeras son niñas y porque su médico es un hombre, todos los médicos deben ser hombres. Los padres contrarrestarían estos comentarios preguntando por qué el niño cree que los hombres son más inteligentes y recordándole a la niña cuándo su madre descubrió cómo arreglar la tostadora; que el chico adolescente de al lado cuida a los Smith y el médico que operó a su papá el año pasado era una mujer.

Más tarde, el niño pregunta: *'¿Quién soy?'* A la edad de cinco o seis años sienten *'No solo, soy un chico, pero soy un chico para siempre. Por lo tanto, ser un chico debe ser bueno, ser una niña debe ser malo.'* Entre las edades de seis y ocho años, los niños y las niñas generalmente no quieren verse y, para el cuarto grado, a los niños no les gusta mucho el sexo opuesto. Ahora, hay una fuerte presión de grupo para que un niño o una niña no jueguen entre ellos, incluso si han sido amigos desde que eran niños pequeños.

Los padres deben ser modelos de conducta positivos y no sexistas. La consistencia es la clave. Mire sus comentarios estereotipados tales como: *'¡Eso era típico de una mujer / un hombre para hacer eso!'* Los modelos de roles influyen fuertemente en los niños y los padres son los modelos más cercanos que los niños observan. Si detecta que hay estereotipos en la escuela o descubre que el sistema discrimina a niños o niñas, intervenga y trate sus inquietudes. Los docentes deberían alentar la interacción de los niños asegurándose de que los niños y las niñas compartan las actividades por igual.

Problemas con la comida

'Mi hija de doce años come la comida más inusual. ¡La otra mañana salió de la casa comiendo un trozo de pizza fría y tomando un batido para el desayuno! ¿Cómo puedo hacer que coma un desayuno decente sin predicar?'

No a todos les gustan los cereales o las tostadas para el desayuno. Antes de descartar la credibilidad de la dieta de desayuno de su hija, tenga en cuenta que los niños tienen algunos aliados poderosos debido a sus inusuales preferencias alimenticias. El programa nutricional nacional más nuevo para niños afirma que no hay nada de malo en los batidos (siempre que estén hechos con yogur) o en la pizza para el desayuno. También aprueban espaguetis sobrantes, pollo, chile o una papa horneada si eso es lo que el niño quiere para el desayuno. Ofrezca fruta en cambio cuando su hijo se niegue a comer verduras. Si está tomando un sándwich de mantequilla de maní, sírvalo con fruta y leche.

Dar opciones a los niños (los que son aceptables para los padres) les permite a los niños afirmar su independencia mientras aumenta la probabilidad de que coman lo que usted ofreció. A muchos niños pequeños no les gustan los alimentos salados (como las aceitunas). La mayoría rechazará cualquier cosa con un sabor amargo y la investigación sugiere que su reacción al amargor puede ser una reacción instintiva que los proteja de comer algo letal. Otros niños se opondrán a todos los alimentos nuevos hasta que se acostumbren a ellos.

'Mis hijos a menudo se niegan a comer lo que yo sirvo. ¿Esto significa que les permito comer lo que quieran?'

A algunos niños les gustan solo algunos tipos de alimentos, pero comen lo suficiente como para prosperar. Las comidas ocasionales meticulosas, la falta de apetito y el hambre voraz son todas señales de que los niños están escuchando sus señales internas que les aconsejan cuánto comer. Comer puede convertirse en un campo de batalla entre las madres ansiosas y los niños pequeños, pero cuanto más ansiosas están las madres, más obstinadas se vuelven sus hijos.

El gasto de energía de los niños es muy alto, por lo que necesitan comer bien para suministrar suficientes calorías. Los niños que son quisquillosos y tienen problemas digestivos en la primera infancia pueden tener anorexia en la adolescencia. La anorexia infantil es una selectividad alimentaria extrema en los niños pequeños. Este ciclo puede comenzar porque el niño ha sido alimentado con bocadillos o se le da comida con demasiada frecuencia o por razones emocionales.

Nunca use comida como recompensa o castigo o para consolar a un niño.

Esto puede provocar trastornos de la alimentación. Un médico polémico informa que el niño no debe alimentarse durante veinticuatro horas, para permitir que el niño desarrolle un buen apetito. Más tarde, el niño debe tener tiempos de rutina para comer, establecer un ritmo de estar hambriento y estar lleno.

Evite ofrecer demasiadas opciones a un comedor meticuloso. En lugar de preguntarle a un niño mayor qué es lo que quiere para el almuerzo, pregúntele si prefiere huevos revueltos o un sándwich de jamón. Hágale saber que tiene que apegarse a esas dos opciones. No lo obligue a comer algo que no le gusta, ya que es probable que odie la comida aún más.

Si el rechaza lo que tu ofrece para el almuerzo, quítelo y explíquele que no puede comer nada hasta la cena. Asegúrate de hacer un seguimiento.

Tenga pan, panecillos o frutas disponibles en cada comida, para que haya opciones que le gusten al niño. Pon límites. Continúe ofreciendo una variedad de alimentos y no tema dejar que el niño pase hambre si no come lo que le han servido. Si el niño no se porta bien, déjelo ir a su habitación.

No permita que tome comida con él, que vuelva de postre o que coma hasta la próxima comida.

Soñador

'Mi hija está en un mundo propio. Ella siempre está soñando despierta. El otro día, subió a buscar sus libros y la encontré diez minutos después tendida en su cama leyendo un cómic (ajena al hecho de que su autobús escolar se había ido sin ella). Ponla ella en la mesa de la cocina con un libro para colorear y una bomba podría explotar y ella no se daría cuenta. ¿Qué puedo hacer para detener esto?'

La mayoría de los niños sueña despierto, mientras que otros se distraen fácilmente. La capacidad de concentrarse en una actividad a la vez puede tardar años en desarrollarse. Parece que tu hija ha dominado esta habilidad y es difícil de distraer. Ella problema es en lo que se está enfocando.

Soñar despierto es un signo de la creatividad de su hija. Aliente ella creatividad haciendo que escriba historias sobre lo que está pensando. El teatro en vivo podría ser atractivo para ella. Ayúdela a completar sus tareas y tareas enseñándole cómo hacer listas de cosas por hacer. Inspírala para tratar de concentrar su energía en lo que está haciendo en lugar de dejar que su mente se deambular.

Cuando le pidas ella que haga algo por ti, dale plazos y anímalo a que cumpla con el plazo diciendo: "Cuento con que hagas esto antes de las cuatro, ¿puedo confiar en que lo hagas para entonces?".

Fiestas de pijamas

'Desde ella que tenía ocho años, las fiestas de pijamas han sido grandes eventos en la vida de mi hija, pero a menudo se irrita al día siguiente. Ella hermanos menores han estado molestos por la risa y el ruido, y por tener niños bulliciosos en nuestra casa. No quiero restringir ella diversión, pero ¿cómo puedo lidiar con fiestas de pijamas con la menor cantidad de caos?'

Explíquele a su hija y a su (s) invitado (s) qué tipo de comportamiento tu permitirá y no permitirá. Determine las consecuencias si el comportamiento no es el adecuado (¿reduce las visitas nocturnas?) A menudo, dos o cuatro invitados a la vez pueden estar bien, pero trate de mantener a los visitantes de la noche a la mínima. Se adhieren a los números pares, de lo contrario, el grupo podría excluir al niño adicional.

Hable con los padres de sus invitados para asegurarse de que envíen su manta o juguete favorito, ya sea que tengan miedo a la oscuridad o cualquier otra posibilidad que pueda interrumpir su feliz noche. Permita que los invitados llamen a sus padres para decir buenas noches.

Establezca el tiempo de inactividad y la hora a la que espera ellos que permanezca en silencio por la mañana; luego, apéguese a ella. No permita que la visita se extienda demasiado al día siguiente; usted, su familia y su hija pueden necesitar el resto.

Gemelos

'Mis dos hijos gemelos de siete años se rebelan terriblemente cuando trato de vestirlos igual. Se ven tan lindos y atraen mucha atención. Pensarías que les gustaría.'

Recuerde que los gemelos, y especialmente los gemelos idénticos, son individuos. No los sofoques vistiéndolos por igual y dándoles nombres que riman. Es adorable al principio, pero puede convertirse en un problema cuando las personas no se toman el tiempo de individualizarlas llamándolas *"gemelas"*.

A medida que maduran, desalentar el *"lenguaje"* gemelo (que solo ellos pueden entender). En casos extremos, puede interferir con el desarrollo normal del lenguaje.

Los niños necesitan tener algunos elementos que solo les pertenecen. No los anime a hacer todo juntos, aunque los padres no deben insistir en separaciones de ningún tipo. Si ellos quieren estar juntos y lo están haciendo bien, la separación puede ser traumática. Se separarán cuando estén listos. Mientras no sea traumático para ellos, separarlos en el jardín de infantes puede alentar la independencia, al igual que darles habitaciones separadas.

Aliéntelos a tomar decisiones independientes a medida que maduran y tenga en cuenta que eventualmente, estarán solos. Si desean más independencia, los abuelos y amigos pueden ayudar teniendo uno visita gemela, posiblemente pasando un fin de semana con ellos.

Deben tener amigos individuales a una edad temprana. Esto es especialmente importante si un gemelo parece ser menos independiente que el otro. Aliente a los maestros a prestar atención a las habilidades individuales de cada gemelo. No deben compararse entre sí (ni deben compararse dos hermanos).

Separación

'Nuestro hijo Ben irá al campamento este verano y la escuela este otoño, ¿cómo podemos prepararlo para esas separaciones de nosotros?'

Si hay tiempo antes de ir al campamento, haga que su hijo pase la noche con otro pariente o un buen amigo. Asegúrate de que él toma objetos familiares con él; el gorra de béisbol favorita, el peluche o lo que sea que lo consuele. Hágale saber cómo contactarlo si necesita ponerse en contacto con usted. Haga que el practique escribiendo cartas (incluso si no sale de casa). Muchos niños nunca han escrito cartas, por lo que necesitan un *"calentamiento"* para la ocasión real cuando están lejos de casa.

Vacaciones de verano

En dos semanas, mi familia irá a dos semanas de vacaciones. Será un viaje de cinco horas hasta que lleguemos a una cabaña que alquilamos. Si es algo así como el año pasado, los niños comenzarán a gimotear a los cinco minutos y pasará la mayor parte del tiempo en el automóvil diciendo: "¿Qué puedo hacer?" ¿Cómo sobreviviré las vacaciones?'

Como cualquier padre estará de acuerdo, conducir no es el desafío: ¡conducir con niños sí lo es! Muy cerca (estar al alcance de los brazos de los hermanos) el confinamiento mismo (falta de movimiento) y el aburrimiento de tener que sentarse y *"no hacer nada"* pueden convertirse en una experiencia espeluznante para todos los involucrados. Agregue una mascota a esta escena y hay caos.

Muchos padres (solo pasajeros) recurren a tomar tranquilizantes y desean tener la valentía de darles algo a sus hijos también. Algunos planean que sus hijos pequeños duerman durante el viaje.

Entonces, ¿cómo pueden los niños sobrevivir después de que muchos nuevos juegos (comprados especialmente para este viaje) hayan terminado su curso? Ten la pareja más joven y más vieja, en lugar de tener rivales sentados juntos. Intenta jugar un juego llamado bingo automático que proporciona un elemento de sorpresa según lo que ocurra fuera de la ventanilla del automóvil. Aquí es donde se otorgan puntos al primer niño que detecta:

- Un coche rojo, una camioneta azul, un coche con cuatro personas, con tres personas.
- La primera vaca, caballo, ovejas.
- Un granero, pajar, granjero, etc.
- Cada niño cuenta un particular color de vehículo durante 15 minutos.

El que cuenta más, gana un premio. Haga una lista antes de partir en el viaje o compilarla mientras está en tránsito. Cada niño tendrá una copia de la lista y recibirá puntos adicionales por artículos especiales, como la detección de un automóvil policial, una ambulancia o un camión de bomberos. Esta actividad nunca se vuelve mundana porque el paisaje cambia constantemente.

Involucre a los niños en la planificación del viaje antes de irse. Un niño mayor podría sentarse al frente con el conductor y ayudarlo a navegar. Considere empacar una canasta de picnic para un almuerzo rápido en el camino. Deje juguetes con bordes filosos en el tronco. Pueden ser peligrosos en lugares pequeños.

Trae nuevos juegos cuando llegues a ciertos puntos de la carretera. Lleve libros, juegos, bolígrafos, papel, libros para colorear, crayones y golosinas para sacar cuando comiencen a inquietarse. Los juguetes de construcción pueden mantener ocupadas las manos pequeñas, al igual que los videojuegos de mano. Los tableros de garabatear magnéticos pueden proporcionar horas de diversión. Los adolescentes pueden escuchar su música favorita y los niños más pequeños pueden escuchar libros en cinta de audio o DVD con sus propios auriculares. Si tiene un grabador de cassette portátil, compre un micrófono barato y pegue con cinta adhesiva a sus hijos cantando junto con la música de la radio del automóvil.

Empaque pelotas de fútbol, bate de béisbol y guantes para jugar activamente en las paradas de descanso. Tenga en cuenta la necesidad de que los jóvenes se detengan para ir al baño dentro de media hora a una hora después de comer. Mantenga los pañuelos húmedos o un paño húmedo envuelto en plástico para los dedos pegajosos. Y no te olvides de las bolsas de basura.

Cuando llegas a la casa de vacaciones y tus hijos preguntan, '¿Qué podemos hacer?' Intercambia ideas con ellos para ver qué alternativas tienen. Semanas antes de partir en su viaje, comience a enumerar las alternativas que puede sugerir y asegúrese de tener los elementos necesarios para los proyectos. Para los niños más pequeños, las cajas de huevos vacías, los limpiapipas, los pompones, las piezas de fieltro, el pegamento, los ojos, las tijeras a prueba de niños y otros elementos innovadores se pueden usar imaginativamente para crear cualquier cantidad de criaturas. Aproveche esta oportunidad para enseñar a sus hijos a tejer, hacer crochet, macramé, atar nudos, cortar y tallar madera. Haga piñas, nueces y guirnaldas de conchas para Navidad.

Involucre a otros niños en el área de su cabaña. Pídales que se vistan con ropa vieja y pongan una obra de teatro. Otro placer es atar una cuerda al tronco de un árbol, con alguien sosteniendo el otro extremo. Haga que los niños vean qué tan alto pueden saltar cuando levantan la cuerda, otorgando premios a todos los participantes. Luego, invierta el proceso y pídales que vayan por debajo de la cuerda haciendo el limbo (diversión hecha con música).

Para los niños más grandes, ata una cuerda a una rama fuerte de un árbol (con nudos cada ocho a 12 pulgadas) y observa quién puede escalar el más alto, el más rápido. Pídales que usen guantes para esta actividad. Coloque un colchón doble de bajo costo (o un colchón viejo que pueda sacarse de la cabina) debajo de la cuerda para que no se lastimen si se caen.

Sea creativo: anime a sus hijos a ser creativos y las vacaciones pueden ser divertidas. Sin embargo, no planifique todo para ellos. Deje mucho tiempo para que puedan divertirse a su propio ritmo, con sus propios amigos.

Vacaciones escolares

Generalmente hay tres etapas para las vacaciones de verano para niños. Cada etapa tiene sus propias cualidades únicas:

Etapa 1: cuando termina la escuela y necesitan relajarse, pero aún necesitan un entorno estructurado. Es un momento ideal para registrarlos para el campamento, para que puedan escapar de su exceso de energía. Si esto no es posible, los niños pueden dar la bienvenida a la oportunidad de participar en clases de natación, arte o informática.

Etapa 2: este es un momento más tranquilo en el medio de sus vacaciones. Las familias deben planificar su tiempo de vacaciones para esta etapa si es posible. Esta vez no debe sobre programar, dando a los niños tiempo para ajustarse a la sincronización más lenta. Tendrás que pensar en proyectos para ellos, pero probablemente no los necesites, especialmente si hay otros niños cerca.

Etapa 3: Esta es la última semana o dos de sus vacaciones en las cuales la preparación para la escuela es de interés principal. En este momento, deben estar listos para regresar al ritmo diario de la caída, por lo que debe alentar un ritmo más rápido.

Obesidad

'Mi hijo Richard tiene un problema de peso. Probó unas quince dietas, una por cada año de su vida. Utiliza su peso como excusa para no participar en deportes o ir a los bailes de la escuela. Él constantemente se burla de su peso en la escuela, se siente incómodo en grupos y se avergüenza de participar en clases de gimnasia. ¿Cómo puedo ayudarlo a superar su problema sin molestarlo?'

Muchos niños intentan seguir sus dietas ordenadas por el médico, pero se encuentran débiles con el hambre. Algunos vuelven a comer repentinamente incontrolablemente y sufren la culpa que inevitablemente les sigue. Es probable que Richard esté desesperado por encajar con sus compañeros y probablemente esté ansioso por que alguien lo ayude. Desafortunadamente, no hay soluciones rápidas, él tiene que hacerlo por sí mismo.

La mayoría de los programas de trastornos alimentarios se centran en las mujeres bulímicas o anoréxicas, lo que puede desalentar a los chicos de unirse a una clínica de trastornos alimentarios. En términos de números absolutos, hay muchos más niños que son obesos que bulímicos o anoréxicos, pero los programas de trastornos alimenticios parecen concentrar la mayoría de sus esfuerzos en estos problemas. Es probable que esto se deba al temor de la muerte inminente de aquellos que mueren de hambre o que continuamente purgar la comida.

Existen pocos programas de tratamiento regulados para niños obesos, a menos que vayan a clínicas regulares de pérdida de peso. Ocasionalmente, los programas de campamentos de verano para niños con trastornos alimenticios ayudan, pero pocos tienen programas de seguimiento para mantenerlos en el camino hacia una alimentación saludable.

Investigue detenidamente para ver si hay programas especiales disponibles para ayudar a tu hijo a manejar su problema de peso: sea persistente hasta que tu encuentre el más adecuado para él.

Muestre su constante aliento por el esfuerzo y ayúdelo a aceptarse tal como es. Hazle entender que su autoestima no depende de su peso. Él tiene que aprender cómo formar relaciones que no se basan en su tamaño.

Si el exceso de peso es genético, deberá establecer a una edad temprana, el hábito de por vida de comer alimentos nutritivos y bajos en grasa. Los niños con sobrepeso a menudo viven con padres con sobrepeso. Dé un ejemplo para él comiendo usted mismo una dieta adecuada. Le facilitará seguir esa dieta a lo largo de su vida, si tu comienza ahora. Planifique actividades familiares que fomenten el ejercicio y limiten el tiempo de visualización de televisión.

Toque inapropiado

'Mi hijo Danny de repente comenzó a agarrarse los genitales y, a veces, masturbándose en público, ¿cómo puedo evitarlo sin hacerle sentir como si hubiera cometido un pecado?'

Todos los niños sienten curiosidad por sus cuerpos y pronto aprenden lo que parece bueno y lo que no. Él aprendió que le gusta sostener sus genitales.

Asegúrese de que él no tenga una erupción u otra razón física para su comportamiento.

Si ha podido descartar una razón física, explique que no es buena tocarse, frotarse o rascarse en ciertas áreas de su cuerpo (mostrarle dónde) cuando está en público. Explique que esos tipos de acciones deben realizarse en privado (similar a cuando usa el baño, es algo privado).

Muerte de una esposa

'Mi esposa murió repentinamente en un accidente automovilístico. No solo estoy teniendo un tiempo terrible para superar esto, sino que mis hijos también. ¿Cómo puedo ayudarlos?'

Los niños que han tenido una madre mueren pueden entrar en estado de shock. Algunos niegan que su madre está muerta o carece de signos que expresen dolor. Trate estos signos de peligro de inmediato. Al igual que los adultos, los niños deberían llorar. ¿Podrían sentirse culpables, posiblemente por las palabras que podrían haber intercambiado con su madre antes ella de morir? ¿Podrían sentirse un tanto responsables por ella muerte?

¿Cómo están ellos en la escuela? Advierta a las autoridades escolares sobre la muerte de la madre y pídales que lo mantengan informado sobre cualquier comportamiento inusual del niño. Si surgen problemas graves, pregúntele a su clérigo o un psicólogo que los ayude a usted y a sus hijos a lidiar con su dolor. Pídales a los parientes cercanos (especialmente a las mujeres maternas) que pasen tiempo con tus hijos para ayudarlos a compartir su dolor y obtener la cercanía de una mujer durante los primeros meses de duelo. Lea también el libro de Betty Jane Wylie: Principios: Un libro para viudas, que también puede ayudar a los viudos, que también puede ayudar a los viudos.

Muerte de un hermano

'Mi esposa y yo acabamos de enterarnos de que nuestro hijo de tres años tiene leucemia y es probable que no viva más de seis meses. ¿Cómo podemos preparar a nuestros otros dos hijos (de seis y nueve años) para esta eventualidad y ayudarlos a superar todo?'

Las demandas de los padres son tan grandes durante las enfermedades graves de un niño, que sus otros hijos pueden sentirse descuidados. Pueden creer que sus padres no los quieren tanto, por lo que pueden sentir celos de la atención que se le presta al niño moribundo. Esto lleva a sentimientos de culpa que ellos tienen malos pensamientos acerca de su hermano.

Otro temor real es que puedan atrapar lo que sea y morir también, por lo que son reacios a estar cerca del hermano enfermo. Aquí es cuando los amigos cercanos, maestros y abuelos pueden intervenir para asegurarse de que los demás niños tengan sus preguntas tratadas y se sientan amados y atendidos.

Anime a los maestros a informar cualquier comportamiento negativo, para que pueda intervenir y corregir el problema antes de que se intensifique. Los padres a menudo cometen el error de aislar a sus hijos del niño enfermo, lo que les hace preguntarse: *'¿Qué está pasando que yo no sé?'* Otros padres sofocan a sus hijos restantes con la atención y la sobreprotección.

Las señales de que su hijo está en problemas a menudo comienzan con arrebatos de ira en el hogar o en la escuela. Las calificaciones pueden comenzar a disminuir o el niño puede estar ausente sin permiso. Calderos de ira, culpa y sentimientos de abandono a menudo se están quemando. A menudo quieren que su hermano muera para que puedan tener más atención, y luego sentirse culpables por estos sentimientos.

Cuando alguien cercano a un niño muere, por alguna razón, el niño puede sentir que lo hicieron posible. Necesitan estar seguros de que no tuvieron nada que ver con la muerte de su hermano.

Capítulo 10

ADOLESCENTES DIFÍCILES
Y ADULTOS JÓVENES

Confianza

Los padres deben comenzar a ganarse la confianza de sus hijos al principio de sus vidas. Los niños necesitan la confianza de sus padres para sentirse amados, pero esta confianza a menudo puede romperse durante la adolescencia. Los adolescentes (que hasta ahora, no podían esperar para contarle todo a sus padres) de repente se callan. Esto hace que sus padres comiencen a imaginarse lo peor: están tomando drogas, bebiendo en una fiesta o teniendo relaciones sexuales con sus parejas. A menudo, cuanto más invasivas sean las preguntas de los padres, menos revelarán los adolescentes.

No curiosear. Deje que sus hijos adolescentes tengan privacidad, excepto en asuntos importantes. Asegúrese de que entiendan el concepto de *"consecuencias de sus acciones"*. Por ejemplo, *'No quiero forzarte a estudiar, pero creo que es importante para mí como padre limitar el tiempo que pasas mirando televisión hasta que tus notas mejorar.'*

Los padres deben explicar por qué necesitan la información que solicitan y compartir su decepción cuando sus hijos adolescentes rompen su confianza. Cuando los adolescentes sienten que sus padres confían (no controlan) ellos mismos ofrecen información voluntariamente.

Si tiene hijos preadolescentes, ahora es el momento de considerar las siguientes preguntas y desarrollar un plan de acción satisfactorio para ambos padres. Esto lo preparará para lo que haría en estas situaciones y les dará cierta continuidad a sus acciones si es necesario. Si no ha considerado las siguientes preguntas, piense en ellas ahora, obtenga la opinión de su cónyuge y vea cómo le gustaría abordarlas:

1. ¿Qué le diría a su hija o hijo si no aprueba a la persona con la que él o ella están saliendo?

2. ¿Qué reglas de citas aplicarías (noches de la semana, fines de semana, toque de queda)?

3. ¿Permitirías que él o ella novia o novio estudiara con ellos en su habitación?

4. ¿Cuándo crees que deberías comenzar educación sexual? ¿Harías esto al darles libros sobre el tema? ¿Cómo abordarías el tema y qué dirías? ¿Qué tan lejos llegarías en tus explicaciones? ¿A qué edad?

5. ¿Cómo y cuándo hablarías sobre tu propia sexualidad? ¿Con tu hija? ¿Tu hijo? ¿Serías tan cauteloso e informativo con tus hijas y tus hijos?
6. ¿Cuándo hablarías sobre sexo prematrimonial, anticoncepción y enfermedades de transmisión sexual?
7. ¿Qué harías si tu hija de quince años te dijera que estaba embarazada? ¿Qué le dirías a ella? ¿Cómo te sentirías acerca del padre del niño? ¿Qué le aconsejarías que hiciera sobre su embarazo o le dejarías que ella decidiera? ¿Estás lo suficientemente informado sobre las opciones disponibles para ella? ¿Apoyarías a tu hija, sin importar qué elección hiciera?
8. ¿Cómo sería esto diferente si fuera tu hijo quien te dijera que su novia estaba embarazada? ¿Qué pensarías sobre la novia embarazada? ¿Qué le aconsejarías que hiciera?

Relativamente pocas personas abusan de las drogas duras en comparación con la cantidad de personas que abusan de las drogas blandas. Ayude a su adolescente a aprender a decir 'No' al alcohol y las drogas. Asegúrese de que sepan que pueden recurrir a usted si han estado expuestos al cultivo de drogas. Si se le acerca, su adolescente debe ignorar a la persona, alejarse o repetir 'No' una y otra vez como un récord roto.

Muchas fuerzas policiales van a las escuelas. Los agentes de policía tienen exposición en el trabajo y han estado en arrestos por drogas, por lo que pueden relatar historias personales que golpean a casa con sus audiencias. Esto hace que los problemas de drogas y alcohol sean más reales para los niños. Aprenden cómo son las drogas y entienden qué hace que una droga sea *"alta"* o *"mala"*. Muestre su respaldo a esos programas ofreciéndoles tus asistencia y apoyo.

Algunos adolescentes pasan sus años adolescentes con una interrupción mínima para ellos y sus padres. Pero otros, porque tienen tanto problema para entenderse a sí mismos, también tienen dificultades para entender a sus padres. Algunos hacen cosas intencionalmente para molestar a sus padres. Su comportamiento negativo incluye mentir, desafiar a las figuras de autoridad, dejar sus pertenencias por ahí y ausentarse sin permiso de la escuela. Los padres pueden lidiar con muchos de estos problemas usando la técnica de retroalimentación.

Duro siendo un adolescente

Me alegro de no ser un adolescente en este momento. Los traficantes de drogas y alcohol los tientan. Ven a los miembros de su grupo de compañeros fumando, bebiendo y usando drogas, y muchos han tenido la tentación de "probarlos" y luego han sido atrapados en un hábito adictivo.

En la escuela, los estudiantes a menudo se ven inundados con nada más que negativos. Raramente escuchan a sus padres y maestros sobre lo que han hecho bien, pero ciertamente escuchan sobre lo que han hecho mal.

Los adolescentes están mucho más molestos por las peleas de sus padres de lo que dejan ver. Algunos pierden la oportunidad de observar a padres amorosos y afectuosos que se preocupan profundamente el uno por el otro. Sin esta exposición diaria de cómo los hombres y las mujeres pueden trabajar juntos en armonía, no aprenden a llevarse bien en sus propias relaciones amorosas.

Una gran proporción de adolescentes actualmente viven en hogares desvencijados y sus padres tienen menos tiempo para pasar con ellos. El padre ausente a menudo compensa el tiempo que no pasan con ellos al prodigarles obsequios caros. Cuando se les pregunta qué quieren de sus padres, muchos adolescentes dirían que quieren pasar más tiempo con sus respectivos padres.

Agregado a esto, son las preocupaciones financieras de un hogar monoparental. Los adolescentes temen que no tendrán suficiente dinero para hacer todo lo que esperan en la vida. A menudo, una necesidad inmediata de dinero para la educación es una fuente principal de estrés.

Otros ven que sus padres trabajan para mantenerse al día con el costo de la vida y enfrentan la frustración de darse cuenta de que, a menos que tengan una buena educación, también estarán condenados a un trabajo mal remunerado. Consideran que los requisitos de ingreso a la universidad se elevan cada vez más junto con sus costos. Para muchos, no importa cuán duro trabajen, no pueden verse a sí mismos cumpliendo con los requisitos mínimos. Los padres deben alentarlos a hacer lo mejor que puedan y, si es necesario, obtener tutoría privada.

Otro enfoque de los adolescentes es su entorno. Ven el desorden que sus padres, abuelos y antepasados han creado en su universo y les preocupa la calidad del agua, el aire y los alimentos que comen y cómo será su mundo durante su edad adulta.

Cuando una maestra de secundaria quería averiguar las aspiraciones de carrera de sus estudiantes, preguntó: '¿Qué esperas que esté haciendo en cinco años?'

Sus estudiantes tomaron su pregunta de una manera diferente a lo que ella había anticipado. Más de un tercio de ella clase declaró que no esperaban estar vivos en cinco años; que esperaban morir por contaminación o por una explosión nuclear. Los padres esperaban que este miedo terminara cuando se cerrara el telón de acero, pero con la incertidumbre en el mundo y en los países del tercer mundo que tienen acceso a ojivas nucleares, este temor aún existe. ¡Qué legado dejamos a nuestros hijos!

Otros problemas que sus estudiantes identificaron fueron la mala situación económica y el alto desempleo. Los estudiantes sabían que muchos graduados universitarios estaban luchando por conseguir un trabajo y se preguntaban si realmente deberían preocuparse por las calificaciones que obtenían en la escuela secundaria. Sintieron que no valía la pena el esfuerzo para obtener buenas calificaciones, porque de todos modos no parecía haber muchos trabajos disponibles.

En ese momento, la tasa de desempleo local era del 10.5 por ciento y ascendía. No hay duda de que había muchas personas desempleadas, pero estos estudiantes se concentraban en la tasa de desempleo. La "tasa de empleo" debería haber sido lo que estaban viendo. La tasa de empleo era del 89.5 por ciento y la mayoría de la población estaba trabajando. La maestra explicó que, si optaban por dejar caer sus notas, ella casi podría garantizar que estarían en el grupo de 10.5 por ciento de trabajadores desempleados. Por otro lado, si seguían trabajando duro para obtener buenas calificaciones, probablemente estarían en el 89.5 por ciento que encontraron un trabajo que les gustaba y disfrutaban.

Debido a que la mayoría de ellos trabajaría muchos años de su vida adulta (hombres: cuarenta y cinco años y mujeres, treinta y cinco años), tienen fuertes razones para concentrar sus esfuerzos en encontrar el trabajo adecuado para ellos. La mayoría será empleada en cuatro (o más) ocupaciones. Muchas encuestas indican que del ochenta al noventa por ciento de las personas empleadas se encuentran en las ocupaciones incorrectas, por lo que elegir la carrera adecuada es crucial. Una vez que hayan elegido una carrera, estudiar, aprender y lograr su trabajo ideal debería ser donde concentran sus esfuerzos.

Conferences familiars

Cuando hay un problema importante que involucra a toda la familia, llame a una conferencia familiar. Esto podría ser cuando mamá vuelve a trabajar, cuando papá recibe un ascenso y tiene que mudarse a otra ciudad, cuando un familiar está muy enfermo y puede morir o cualquier otro problema familiar importante. Las conferencias familiares se llevan a cabo para debatir problemas dentro de la familia, para delegar nuevas responsabilidades y establecer una base sobre cómo los miembros de la familia están haciendo en sus vidas.

Para prepararse para una conferencia familiar sobre la delegación de quién hace qué tarea, un padre debería escribir todas las tareas que deben completarse en el hogar y el patio. Se hacen copias de esta lista para cada miembro de la familia con edad suficiente para leer. Luego se lleva a cabo una conferencia familiar:

1. En la conferencia familiar, se espera que todos los miembros se ofrezcan como voluntarios para algunas de las tareas. Luego, los padres completan las tareas que les resulta cómodo manejar.
2. Las tareas restantes se asignan. Todos los miembros son libres de negociar e intercambiar tareas con un miembro aceptante. Cada persona debe saber cómo y cuándo se espera que complete sus deberes.
3. Cualquiera que intente una nueva tarea recibe entrenamiento. Uno de los padres pregunta a cada miembro de la familia: "¿Puedo contar con usted para que haga estos quehaceres de forma competente y puntual?" Los padres deben esperar hasta que reciban un compromiso verbal de cada miembro de la familia.
4. Los padres también explican que no quieren tener que regañar a nadie para completar sus tareas adecuadamente.
5. Luego, un padre hace el seguimiento, para asegurarse de que las tareas asignadas se completen correctamente.

Si recibe la excusa *"No tengo tiempo"*, ayúdelos a planificar su tiempo. Intenta evitar las luchas de poder. Si un adolescente o un niño tiene la tarea de sacar la basura, otra tiene que limpiar el baño (incluido el inodoro), otro corta el césped, etc. Comience la rotación del trabajo para garantizar que se completen los quehaceres desagradables.

Para asegurarse de que este proceso funcione, asegúrese de dar recompensas a sus hijos, signos de amor y aprecio. Reconozca los trabajos bien hechos, organizando convites familiares especiales para un trabajo excepcional.

Adolescente desordenado

Una madre trató infructuosamente de que su hijo de trece años recogiera sus pertenencias cuando regresaba a casa de la escuela. Ella siempre supo él dónde estaba cuando siguió el rastro de ropa, libros, zapatos y envoltorios de comida. Él tomó represalias y calificó ella acusaciones como *"regaños"*, y la batalla continuó. Mientras trabajaba todo ella día, perdió valioso tiempo limpiando después de su hijo.

Cuando ella aprendió la habilidad de la retroalimentación, su enfoque cambió a, *'Martin, trabajo duro todos los días y tus acciones me molestan mucho. Para ser específico, estoy cansado de tener que recoger tus pertenencias todos los días. Te hablé el martes, te hablé sobre esto el martes y esto es el miércoles. ¿Puedes decirme por qué sigues haciendo algo que sabes que me molesta?'*

Martin gruñó: *'¡Deja de molestarme, mamá!'*

Él madre respondió: *'Bueno, la situación no puede continuar así, porque todos vivimos en esta casa. Todos tenemos ciertas responsabilidades. Una de sus responsabilidades a partir de ahora es recogerla usted mismo, de lo contrario, le quitaré algunas de tus privilegios.'*

'¿Qué privilegios?'

'Necesitas que te lleve a tu práctica de hockey dos veces por semana, no te conduciré más.'

'Bueno, entiendo tu punto. Si limpio después de mí mismo, todavía me llevarás a mi práctica de hockey, ¿verdad?'

'Derecha. Sé que puedo contar contigo para que hagas tu parte aquí.'

Martin comenzó a ser más considerado y su madre dejó de molestarlo. Ella se dio cuenta de que todavía ella lo imaginaba como un niño pequeño y no le había dado las responsabilidades correctas para su grupo de edad. También se dio cuenta de que había tenido poco o ningún tiempo para sí misma debido al trabajo innecesario que había estado haciendo por su hijo.

Otro método que funciona es confiscar las pertenencias que quedan (esto incluye a los padres desordenados también) y comenzar un departamento de pérdida de propiedad. Cada persona tiene un artículo gratis devuelto todos los días, pero tiene que pagar para recoger el resto de sus pertenencias.

Si las habitaciones para adolescentes son un desastre, los padres simplemente pueden cerrar la puerta de su habitación, pero deben insistir en que limpien sus habitaciones una vez a la semana. Si no cumplen y un padre tiene que limpiar sus habitaciones, se eliminan los privilegios o se pagan multas. Una madre se negó a cocinar las comidas de su adolescente si no limpiaba su habitación. Otro se negó a lavar la ropa que no estaba en el cesto de la ropa. Pronto su adolescente se quedó sin ropa y aprendió a seguir las reglas de la casa.

Una mañana, un padre estaba a mitad de camino para trabajar en el automóvil de la familia cuando se quedó sin gasolina, lo que lo retrasó más de una hora de trabajo. Antes de que su hijo Jeff se hubiera llevado el automóvil la noche anterior, le había recordado que debía poner gasolina en el automóvil, pero su hijo lo había olvidado. Él negó a dejar que su hijo usara el auto por un mes.

Una madre le había permitido a su hija tomar prestada su blusa favorita. Después de usarlo, su hija había colocado la blusa en el cesto de la ropa, pero no había advertido a su madre que había una mancha que podría requerir un tratamiento especial. La mancha estaba colocada y la blusa estaba arruinada. Ella madre se negó a prestarle ella buena ropa en el futuro.

Una madre trabajadora soltera decidió manejarlo de otra manera. Ella limpió la desordenada casa, preparó una cena para una sola persona, se la comió y continuó con su noche normal. Ella hijos fueron a la cocina a preguntar qué estaban por cenando. Ella respuesta fue, *'No lo sé. He estado tan ocupado limpiando el desastre que has hecho que no he tenido tiempo de preparar tu cena. Tendrás que prepararte algo para ti.'*

Adolescentes fuera de control

Como se lamentaba un padre: *'Mi hijo de dieciséis años ha estado actuando muy agresivamente últimamente. Él grita a su hermana, a sus amigos y es irrespetuoso con los adultos. Él también comenzó a tirar cosas cuando está enojado. Él está fuera de control. ¿Cómo puedo lidiar con este comportamiento disruptivo?'*

Encuentra tu grupo Amor duro más cercano y asiste a una reunión. Los padres pueden examinar los siguientes criterios para averiguar si necesitan la ayuda de Amor duro. La clave del enfoque Amor duro es dejar que los niños sean responsables de su propio comportamiento y las consecuencias de ese comportamiento. Evalúe su situación marcando cualquier elemento en las siguientes listas que describan su situación:

Su hijo adolescente se ha fugado:
- Durante la noche;
- Durante dos días;
- Durante una semana;
- Para más de una semana.

Su hijo tiene:
- Perdí la cena;
- Llegué tarde;
- He sido drogado o borracho;
- No vine a casa;
  - Una noche;
  - Dos noches
  - Durante una semana;
  - Por más de una semana.

En casa:
- Usted y su cónyuge discuten sobre el comportamiento de su hijo adolescente.
- Tu ha retirado de su cónyuge.
- Su cónyuge se ha retirado de usted.
- No has tenido una noche de sueño tranquilo.
- Odias oír el timbre del teléfono cuando tu hijo adolescente no está en casa.

- Usted o su cónyuge han perdido tiempo de trabajo debido a su adolescente.

En la escuela, tu hijo adolescente ha sido:
- Tarde
- Ausente;
- Suspendido;
- Tu ha sido llamado por la escuela por mala conducta.

Su hijo adolescente ha sido violenta:
- Verbalmente;
- Físicamente a la casa o muebles;
- Físicamente a usted, su cónyuge o sus hijos;
- Físicamente a otras personas;
- En la escuela;
- Con la policía.

Legalmente, su adolescente tiene:
- Cita recibida;
- Recibió multas;
- Boletos recibidos;
- Participó en accidentes;
- Acusado de incidentes con drogas;
- Fueron acusados de beber;
- Ha sido arrestado.

Si ha marcado dos áreas en la categoría de la escuela, dos áreas en la categoría de hogar y un área en la categoría legal, la crisis se está acumulando. Si ha marcado más áreas, ya está en crisis y debe contactar a su grupo local Amor duro para obtener ayuda. Pueden ayudar cuando los padres han intentado todo lo demás, desde la policía hasta los servicios sociales, y descubren que los métodos tradicionales no funcionan. Hazlo ahora, el futuro de tu familia depende de eso.

Muchos programas comunitarios y de consejería ayudan a los adolescentes con problemas. Si descubre que su hijo adolescente no está respondiendo a sus esfuerzos por ayudarlo, solicite el refuerzo profesional. Un programa comunitario que ha tenido éxito empareja a un estudiante modelo con un adolescente en problemas. Los consejeros capacitados monitorean el progreso de los adolescentes. El estudiante modelo voluntario proporciona cualquier cosa, desde ayuda con la tarea, hasta compañía y un hombro para llorar.

Hoy parece que los niños tienen todos los derechos. Los grupos de Amor duro defienden que los padres también tienen derechos. Esta organización ha ayudado a muchos padres que tienen adolescentes incorregibles. Es un grupo de apoyo para padres. Estos grupos no están ahí para culpar a nadie, porque en este punto, no importa qué causó el problema. El problema es cómo resolver la situación.

Los padres deben establecer una línea de fondo, algo que quieren lograr con su adolescente. Puede ser algo tan simple como insistir en que saquen la basura, limpien su habitación o usen auriculares cuando toquen su música.

Pornografía

La descarga de pornografía infantil está fuera de control con vídeos e imágenes cada vez más extremo y mostrando cada vez más pequeños. La proliferación de teléfonos inteligentes y tabletas ha hecho más difícil para los padres a vigilar a que sus hijos se están comunicando con. Se van los días cuando policía podría efectivamente aconsejar a los padres para mantener el ordenador en una zona comunitaria, porque los niños tienen con ellos en la escuela y en casas de amigos.

Los peligros de la pornografía

Ver pornografía a una edad muy temprana puede resultar en una idea totalmente deformada de qué mirada de cuerpo normal como y cómo cuerpos normales reaccionan cuando otra persona *'enciende les.'* Aquellos que son adictos a la pornografía no son totalmente conscientes de qué intimidad significa y sólo ven a los demás como objetos sexuales. La idea de romance es ajena a ellos.

Muchos adolescentes se comparan a la anatomía del *"semental"* es mucho más sexy que ellos. Mirar ellos mismos y darse, cuenta que quedan cortos en el Departamento de pene. Mira sus pechos normales y bíceps y compararlos contra los postes de madera *'realizar'* en la pornografía y otra vez creo que se quedan cortos.

Hembras, jóvenes y viejas, así que se muestra en la mirada de la pornografía nada como la mujer promedio o la niña, así que los muchachos encuentran no puede ser estimulados sexualmente por mujeres de aspecto normal, volver a masturbarse mientras ve pornografía o pagan a una prostituta por sus servicios.

Estos machos no se relacionan con las hembras sin saber lo que ella mira y actúa como si ella estaba desnuda en la cama. Tienen cuadros vivos de esto en sus mentes – y las chicas a menudo intuyen este deseo para ser avergonzado y sientan como si se desnudó mentalmente.

Jóvenes que, por curiosidad, la palabra 'porno' en un buscador generalmente esperan ver una pareja teniendo sexo o simplemente mostrar bellos cuerpos femeninos desnudos. En cambio, ven salvaje sexo en hembras; actos brutales que dejan a la mujer maltratada y magullado. Ven sexo anal en los niños y niñas.

El niño promedio de Australia tiene once años cuando tiene su primera exposición a la pornografía. Muchos inocentemente hacen clic en lo que se conoce como *'Gonzo porno'* que muestra sexo anal, lesbianas tener sexo y ataques grupales incluso. Algunos son repelidos por las visiones, pero otros se *'enganchan.'*

La degradación de la mujer, con violencia y la humillación se muestran en la mayoría de estos sitios. Muchos expertos creen que porno se ha convertido en una emergencia de salud, no sólo para los jóvenes y los adolescentes expuestos a él, sino por los hombres que han crecido viendo que encontrar que el sexo normal no hace nada por ellos.

Este tipo de porno duro ya no se oculta, pero se ha convertido en la corriente principal y es ahora difícil encontrar porno suave núcleo.

Jóvenes adolescentes tienen su virginidad tomada de ellos por niños que han visto porno y piensan que tienen que imitar lo que han observado en los sitios porno. Estas niñas se dejan a menudo con lesiones sexuales graves con desgarro vaginal y anal.

Los chicos que es como una relación con una chica funciona y es mortificada cuando su madre y su padre llegan a su casa para explicar a sus padres el daño que ha hecho a su hija. Padres sorprendidos del niño son a menudo inconscientes de que su hijo ha sido complaciéndose en la pornografía (a veces durante años sin su conocimiento) hablemos, que usó sexo violento a su novia Virgen joven frágil.

Como maduros estos adolescentes necesitan más y más altos niveles de violencia para aplacar su apetito para ver sexo eso es todo sobre castigo, dominación y venganza y nada amoroso en los actos que son conducidos a realizar. Como los hombres crecidos, les resulta imposible conseguir o mantener una erección cuando tienen que disfrutar de relaciones sexuales no violentas.

Los padres juegan un papel importante en la prevención de los niños tengan acceso a porno núcleo duro. Que necesitan para tener una discusión con sus hijos cuando lleguen a diez para explicar las diferencias entre el sexo normal y el tipo de sexo que se muestra en los sitios de pornografía. En lugar de pornografía siendo la educación sexual sólo recibida por niños pre-pubescentes vulnerables, tenemos que empezar a llenar el vacío por lo que la pornografía no es la educación sexual de nuestros jóvenes.

Animamos a los padres instalar filtros y software para bloquear sitios explícitos para adultos. Lamentablemente, como antes mencionado, esto no protege sus hijos entren a salas de chat-donde no hay ningún filtro.

Mientras que no hay duda, que internet ha hecho que sea más fácil para aquellos que de todos modos se habría ofendido, también está claro que ha aumentado la probabilidad de que personas de ver pornografía para abusar de los niños. Investigación muestra que la pornografía es por lejos el mayor indicador de la preferencia real de una persona y que si tienen un montón de porno, no va a dejar de volver a ofender. Alguien que está viendo un montón de pornografía infantil sin duda va a ser mayor riesgo de cometer delitos contra los niños. El más ven de nada, más aceptable que va a ser – no importa lo que es.

Algunos delincuentes empiezan viendo porno *'legal,'* ir a cosas más extrañas, que se trasladó a zoofilia, entonces niños, pasemos al ponerse en contacto con los niños y ofenderán. Si se inició con la pornografía en alrededor de doce o trece años, entonces por el momento que es veintiún o veintidós está tratando que los niños a través de internet.

En más viejos pedófilos, el comportamiento está arraigado; se ha convencido que realmente no están haciendo nada malo. Luego se reúnen con otros hombres con ideas afines (generalmente en internet) que comparten pornografía que refuerza su idea de que no están haciendo nada malo.

Violación es uno de los muchos vástagos no deseados del creciente consumo de pornografía de los hombres. Creciente número de víctimas de violación se atribuye al consumo de los jóvenes de la pornografía que alimenta opiniones malsanas del sexo. Un joven se acople con una mujer joven para sexo y entonces otros están invitados – generalmente sin el consentimiento de la mujer.

Los padres / maestros / escuelas deben señalar que la pornografía no refleja una relación sana y es una visión distorsionada del sexo; no es una plantilla de cómo deben llevar su propia vida íntima; y puede arruinar para siempre disfrute de tener una relación sexual normal con une pareja. Algunos hombres que han visto pornografía durante años encuentran que se vuelven impotentes cuando tratan de tener relaciones sexuales normales con una mujer.

Trabajo en equipo

Una habilidad valiosa que los adolescentes aprenden a través de deportes de equipo competitivos es cómo cooperar con sus compañeros. Esta cooperación a menudo se detiene al final de los terrenos de la escuela. Muchos adolescentes llegan a casa, hacen poco o nada para ayudar en casa, pero tienen mucho tiempo para meterse en problemas.

En muchos hogares, en ambos padres o si se trata de un hogar monoparental, el padre soltero trabaja tiempo completo fuera de casa. Sus hijos y adolescentes a menudo se quejan de que sus padres no tienen tiempo para ellos. A sus padres estresados se les aconseja utilizar la energía de sus hijos para ayudarlos a mantener el correcto funcionamiento de su hogar. De esta manera, los padres tienen más tiempo para las actividades familiares. Los padres inician esto llamando a una conferencia familiar.

Tocando niños mayores y adolescentes

En ninguna circunstancia, es aceptable tocar a los niños de una manera sexual. Sin embargo, nos menudo olvidamos que los niños mayores también necesitan ser tocados. Esto es especialmente cierto con los niños preadolescentes. Sienten que son demasiado viejos para sentarse sobre las rodillas de sus padres y que no les gustan los parientes para besarlos. Parecen volverse intocables, pero aún necesitan ser tocados. Logra esto. Esto puede o no incluir a los padres.

Un padre que hace casa áspera debe recordar que los niños necesitan tener éxito la mayor parte del tiempo. Aléjese de las situaciones en las que se ellos sienten impotentes. Haga cosquillas solo para entretenerlos. Deténgase inmediatamente si muestran señales de que ya tenían suficiente. Si las cosquillas continúan más allá de este punto, se convierte en una tortura para los niños y es una forma de abuso infantil.

Un joven adolescente que está pasando por la pubertad indicará que necesita más contacto (a veces después de un día particularmente estresante) cuando les pide a sus padres que los toquen. Por ejemplo, él / ella podría decir: *'Mamá, me duelen la espalda y los hombros. ¿Me darás masajes por mí?'* O, *'Las pantorrillas de mis piernas duelen a papá, ¿las frotarás para mí?'*

¡Y cuando se convierten en adolescentes mayores, a menudo reciben caricias que no te gustaría que reciban! ¿Cómo manejarán su creciente interés en el sexo? No deje este tipo de educación exclusivamente a nivel de las escuelas. A menos que haya tenido una relación abierta en la que sus hijos se sientan libres de discutir todo con usted, tampoco se sentirán cómodos hablando de sexo.

Capítulo 11

PROBLEMAS CON ADOLESCENTES Y JÓVENES ADULTOS

A medida que los niños crecen y maduran, convirtiéndose en adolescentes y adultos jóvenes, pasan por muchas etapas difíciles. Por un lado, son tratados como (y se sienten como) ellos si niños y, por otro lado, son tratados como (y se sienten como sí) ellos adultos. Los padres pueden enfrentar muchas crisis a medida que sus hijos pasan por estas etapas de madurez. Estas son algunas situaciones de crisis que los padres pueden enfrentar:

PROBLEMAS CON ADOLESCENTES

Amigos agresivos

'Mi hija se junta con un grupo muy agresivo de amigos. Son fuertes, desagradables y causan problemas a quienes los rodean. Ella está comenzando a retomar ellos comportamiento y actitudes. ¿Cómo puedo ayudarla a tratar con amigos que tienen este lado agresivo?'

La agresión del otros podría ser el resultado de:

1. Sentimientos de inseguridad en la escuela o en casa.
2. Sentimientos de no estar calificado en educación, experiencia o conocimiento.
3. No reconocer sus propias aptitudes, habilidades o logros.
4. Subutilizar habilidades y habilidades.
5. No encajaba con los demás (lo que podría incluir diferencias raciales o culturales).
6. Fallar en sentirse asentado en su estilo de vida. Sienten que falta algo, pero no pueden determinar qué es.

Aquellos que creen que no encajan en su estilo de vida (a pesar de las razones) a menudo actúan agresivamente. Muchos apuntan su asalto a sus escuelas, a sus amigos y a su familia. Estas actitudes negativas pueden ser cambiadas por:

1. Dando cumplidos auténticos.
2. Explique lo valiosos que son para familia y amigos.
3. Dé ejemplos donde puedan él o ella hacer más de lo que están haciendo y muestren confianza en su capacidad para tener éxito al probar nuevas actividades. '¡Sé que puedes hacerlo!'

4. Reconozca nuevas actividades y logros y esté allí si él o ella no tienen éxito.

5. Pídales su consejo en las áreas donde se destacan. Por ejemplo: "¿Podrías ayudarme a equilibrar mi chequera?" Si sobresalen en su clase de contabilidad.

Según un profesor de la Universidad de Montreal, un estudio académico de 11 años muestra que la testosterona no es la causa del comportamiento antisocial. El *comportamiento* de un hombre afecta el nivel de la hormona en su cuerpo, no la *hormona* que afecta su comportamiento. Es un comportamiento socialmente exitoso que aumenta los niveles de testosterona masculina. Los niños exitosos y no agresivos probaron niveles más altos de testosterona que sus pares que peleaban regularmente. Se descubrió que los niños físicamente agresivos tenían niveles *más bajos* de testosterona. Esto desalienta la idea de que los niños son agresivos debido a los altos niveles de testosterona.

La mayoría de las personas agresivas (hombres y mujeres) están muy orientadas al éxito. El impulso para el reconocimiento podría hacer que establezcan metas altas para que logren un mayor reconocimiento. A menudo tienen altos niveles de energía y son más felices cuando están ocupados.

El poder estimula a estas personas. Deles algo de autoridad donde estén a cargo, cuando puedan manejarlo. Felicítalos por el trabajo bien hecho. A las personas agresivas les gusta dominar la situación y les gusta comunicarse de una manera directa. La franqueza puede ser casi un error con estas personas y son reacias a pedir ayuda cuando sea necesario.

Puede ver que hay desafíos al tratar con estas personas, pero si puede canalizar sus energías en la dirección correcta, la sociedad en su conjunto se beneficiará.

Mal uso o lenguaje abusivo

'Mi hija rompió con su novio porque él era abusivo con ella. La ha estado hostigando con desagradables llamadas telefónicas. Una vez levanté el teléfono y él comenzó a maldecirme y amenazó con venir y "Arreglarme" si no la ponía ella al teléfono.'

El lenguaje abusivo, insultar o proferir amenazas son delitos penales en la mayoría de las jurisdicciones. No solo se le podrían quitar los privilegios telefónicos a la persona, sino que también podrían ser acusados y enjuiciados en el tribunal por acoso. No esperes a la próxima llamada telefónica. Llame a su departamento de policía local y compañía telefónica para determinar sus derechos.

Sabelotodo hijo

'Mi hijo John tiene catorce años y actúa constantemente como un sabelotodo, y trata de cambiar la opinión de todos para que coincida con la suya, no quiero reprimir su individualidad, pero no puedo tolerar la actitud de superioridad acciones.'

Es probable que su hijo esté en plena pubertad, donde un minuto es un niño y el otro un adulto joven. Él está probando su independencia defendiendo sus ideas. Tiene razón al no querer impedir sus intentos de independencia, pero requiere una guía para que no se convierta en un dolor de cuello para los demás. El conocimiento práctico de adolescentes o adultos se trata de la siguiente manera:

1. Cuando desafían tus ideas, la mayoría son vagas acerca de por qué creen lo que hacen. Pregunte, '¿Por qué piensan ...?' Hágales inventar hechos para apoyar sus creencias.
2. Prepárese para comentarios desafiantes conociendo los hechos de su lado del problema.
3. Use los comentarios si persisten, y explique cómo se siente cuando desafían constantemente sus ideas. Aliéntelos a usar empatía, preguntándoles cómo se sentirían si otros desafiaran todo lo que dijeron.

Hija quiere salir con chicos

'Mi hija acaba de comenzar a salir con niños y me doy cuenta de que estoy aterrorizada de dejarla salir. Recuerdo todos los sentimientos que tuve cuando era joven y sé en qué se enfocan la mayoría de los chicos: sexo, sexo y más sexo. ¿Cuáles son las posibilidades de que ella se vea obligada a ir más allá de donde quiere o debería ir sexualmente?'

A una edad temprana, establezca una línea de comunicación entre usted y su hija. Si eso está establecido, la comunicación continuará, aunque habrá cambios importantes en la necesidad de privacidad de su hijo.

Continúa sintiendo empatía (el ingrediente principal de la comunicación) y ponte en su lugar. No impongas los valores que tenías cuando eras un adolescente. La vida ha cambiado y los padres deben cambiar con los tiempos. Esté preparado para extender el toque de queda normal en situaciones especiales.

La mayoría de los padres están tentados a cuestionar las fechas de su hija para decidir por sí mismos si el niño es adecuado y confiable. Hoy en día, muchas hijas simplemente no toman sus fechas a sus hogares, debido a este temor, por lo que es importante para comenzar apropiadamente. La mayoría de los jóvenes se reúnen en restaurantes de comida rápida, y luego van a donde deciden ir, ya sea como pareja o como parte de un grupo. Este hecho aterroriza a la mayoría de los padres, porque no saben dónde están sus hijas o con quién.

¡Los padres de los chicos temen que tengan relaciones sexuales, ella quedará embarazada y él tendrá que casarse con ella!

Anime a su hija a invitar a su novio a cenar a y haga (o compre) algo que probablemente ordenarían ellos mismos, como pizza. Tratarlo él como lo harías con cualquiera de tus amigos adultos. Discuta algo de interés que le haya sucedido en el trabajo, qué sucede en el campo de deportes o cualquier otra cosa que no parezca cuestionarlo él. Probablemente abrirá respuestas a tus preguntas no dichas, como: dónde se conocieron él y su hija, a qué escuela asistirá, en qué grado se encuentra, qué espera ser cuando se gradúe, etc.

La primera reunión decidirá si él se siente cómodo estando en tu casa. Cuanto más cómodo se él sienta, más abierto se sentirá a la hora de revelar sus antecedentes, morales y valores.

No establezca demasiadas reglas y regulaciones. Esto solo hará que tu hija sienta que no confías en ella. Sin embargo, explique discretamente tu preocupación por ella seguridad. ¿Cuándo surja la oportunidad, pregúntele qué ella haría si...? Identifique las situaciones peligrosas que ella podría enfrentar y piense en lo que podría hacer si tuviera que enfrentar tales situaciones.

Por ejemplo: estar con un tipo que está demasiado borracho para conducir (o el tipo está demasiado borracho). O el chico se ha vuelto demasiado amistoso y ella necesita que la lleves a casa (o cualquier otra situación potencialmente peligrosa).

Asegúrate de que ella sepa que no le darás lecciones, que estás allí para ayudarla a salir de situaciones difíciles si ocurren.

Cuando mi hija estaba creciendo, era difícil saber a dónde iba. Ella se negó a decirme porque a menudo no se conocía a sí misma. Ella no podía entender por qué dejé información precisa sobre dónde estaría, especialmente cuando estaba fuera de la ciudad. Entonces, una emergencia familiar requirió que ella contactara de inmediato.

Más ella tarde dijo que no sabía lo que habría hecho si no hubiera podido contactarme de inmediato. Luego se dio cuenta de que me no estaba tratando de controlar a dónde ella iba, sino me que simplemente quería saber dónde ella estaba para poder comunicarse con ella en caso de una emergencia. Después de ese tiempo, ella cambió su actitud y se aseguró de que yo supiera dónde estaba o tocara base donde quiera que estuviera.

Chico loco

'¿Qué le está pasando a mi hija? Ella solo tiene trece años, ¿pero pasa la mayor parte del tiempo quejándose de chicos? ¿No es ella demasiado joven para concentrar sus esfuerzos en eso?'

Que las chicas están locas por los chicos, no es noticia. Pero las chicas de hoy van a los extremos para atrapar a su hombre. Las niñas de hoy a menudo se ven privadas de afecto masculino (padres ausentes). La presión del grupo y la imagen del romance impregnan las vidas de estas mujeres en ciernes. Sus hormonas están fuera de control; Un minuto se sienten muy maduros y al siguiente se sienten como niñas indefensas. La sociedad les muestra que ser mayor incluye tener un novio. Los muchachos de su edad no están interesados en las chicas.

El desarrollo de la niña es dos o tres años antes que los niños, por lo que el niño no querrá una novia por unos años más (¡pero ten cuidado con ellos en unos pocos años!)

Déjale ella tener sus ideas románticas, pero ten cuidado de no perder el contacto con la realidad. Empatícese con ella y hable sobre cómo su vida está cambiando. Déjala sentir la emoción de lo que le espera, pero también ayúdala a mantener los pies en el suelo si elude sus responsabilidades diarias en la escuela y en casa.

Piensa que está enamorado

'Mi hijo de dieciséis años solo conoce a su novia desde hace dos meses e insiste en que está enamorado. ¿Cuáles son los signos reveladores que muestran el amor verdadero y no el enamoramiento o simplemente la atracción sexual?'

Hay muchos signos que apuntan al amor verdadero. Éstos son algunos de ellos: haga que decida qué respondería:

1. Cuando considero a la persona con la que preferiría estar, es con ella.
2. Me parece que he dejado de examinar y evaluar a otras mujeres como posibles parejas.
3. Estoy bastante contento con ella como ella. No cambiaría ninguna de ella características principales.
4. Respetamos nuestros talentos y habilidades individuales.
5. Ella no trata de cambiar cómo soy o las cosas en las que creo.
6. Encuentro que ella es una persona muy interesante.
7. Nosotros respetamos y confiamos el uno en el otro.
8. Siento que podríamos ser mejores amigos de por vida.
9. Esta es la relación más fuerte en mi vida.

10. Cuando no estamos juntos, nos extrañamos.
11. Siempre pensamos el uno en el otro: ella siempre está presente conmigo donde quiera que vaya, aunque solo sea en espíritu.
12. Siento emociones fuertes cuando estamos juntos.
13. Tengo un sentimiento especial sobre ella que no siento con nadie más.
14. No tenemos que hablar para ser amistosos.
15. Ambos queremos sorprendernos unos a otros con pequeñas cosas que sabemos que se complacerán mutuamente.
16. Tenemos una fuerte atracción física, amamos tocar y sentir dolor cuando estamos separados.
17. Cuando estamos juntos, soy el más feliz que puedo recordar.
18. Me encanta planificar actividades que podamos hacer juntos.
19. Somos muy protectores del bienestar del otro y estamos listos para defendernos unos a otros.
20. Tenemos mucha influencia entre nosotros.
21. Estamos en la misma longitud de onda y, a menudo, sabemos lo que el otro está pensando.
22. Nunca le engañaría o ella le sería infiel.
23. Nos llevamos bien con todos nuestros amigos.
24. Disfrutamos haciendo muchas de las mismas actividades.
25. Siento que podríamos felizmente envejecer juntos.
26. Somos capaces de ser muy íntimos, no hay barreras entre nosotros. Somos libres de contarnos mutuamente cómo nos sentimos y discutir las situaciones que nos molestan.
27. Siento que ella tuvo buenos modelos a seguir. Si ella no lo hizo, recibió asesoramiento para asegurarse de que el ciclo no se repita.
28. Estamos satisfechos y felices con nosotros mismos como personas.
29. No temenos ser vulnerables el uno al otro. Confiamos el uno en el otro para no lastimar al otro.
30. No estamos juntos simplemente porque no queremos estar solos.
31. Los dos queremos un socio, no porque lo necesitemos uno, sino porque queremos uno.
32. Estamos allí para ayudar a celebrar nuestros buenos momentos, alentarnos y apoyarnos mutuamente durante los días malos.
33. Nos mantenemos al lado cuando estamos enfermos, deprimidos o vulnerables a los demás.

34. Nos alentamos unos a otros a tener otras vidas con nuestras familias y amigos.
35. No actuamos de forma posesiva o celosos cuando estamos en compañía mixta. Nuestra confianza mutua nos permite saber que el otro hará lo correcto.
36. No dependemos el uno del otro para darnos un buen día. Podemos hacer eso por nosotros mismos.

Adolescentes sexualmente activos

'Mi hija vino a verme el otro día y me preguntó si ella podía tomar píldoras anticonceptivas. Le dije que tenía que pensarlo y que le daría mi decisión la próxima semana. No sé qué hacer. Si le doy permiso para obtener píldoras anticonceptivas, ¿no estoy tolerando y alentándola a ser promiscua? Por otro lado, si no apruebo y ella tiene relaciones sexuales de todos modos, puede terminar embarazada. ¿Cuál es la respuesta?'

No hay una respuesta fácil a esta pregunta, excepto para enseñar a los niños y niñas que el sexo es una actividad adulta. Es para adultos, para personas que tienen la moral para decidir si tienen una familia, la capacidad de apoyar a uno y la sabiduría de no utilizar sus cuerpos con el único propósito de ganar atención o afecto de los demás.

Tenga una charla de corazón a corazón con su hija. Asegúrate de explicar todos los aspectos de la situación y de que dudes en darle su permiso porque parecerá que la estás alentando a tener relaciones sexuales. Señale todas sus inquietudes, incluido su temor a que ella esté expuesta a enfermedades de transmisión sexual (prepárese obteniendo panfletos explicando cuáles son). Pregúntele por qué siente que está lista para el sexo. Explique que, si ella tiene que acostarse con un chico para quedarse con él, él no vale la pena tenerlo.

Si ella todavía siente que quiere las píldoras, dele permiso, pero inste a que sea cautelosa y siempre insista en que el use un condón.

Enfermedad de transmisión sexual (ETS) y embarazo

'Estoy aterrorizado de que mi hijo o hija esté expuesto al SIDA. ¿Cómo puedo hacerles comprender cuánto temo esta posibilidad?'

Los padres de adolescentes masculinos y femeninos temen la posibilidad de que su adolescente pueda estar expuesto a enfermedades de transmisión sexual. En lugar de sermonear o amenazar (lo que puede inflamar la rebeldía juvenil) sea sincero acerca de sus sentimientos. En lugar de decirle a tu adolescente que el sexo para adolescentes es malo, explica por qué te molesta. Explique su deseo de que muestre la sexualidad con ternura, compromiso y responsabilidad, no confusión y temor. Puede pensar que sus puntos de vista no se tomarán en serio, pero la mayoría de los adolescentes respetan las opiniones de sus padres más de lo que admitirán.

Averigüe cuánto saben sobre las enfermedades de transmisión sexual y el control de la natalidad. No tome la explicación, *'Cubrimos esto en la escuela.'* Haz que sean específicos. *'¿Exactamente qué sabes sobre este tema?'* O bien, *'El SIDA me asusta mucho. Quiero asegurarme de que lo sepas para que no corras riesgos.'*

Si su adolescente saca el tema, "Una niña en la escuela tuvo que irse porque estaba embarazada". Esta puede ser la oportunidad de hablar sobre el control de la natalidad. "Supongo que no sabía cómo usar la anticoncepción y dónde conseguirla, ¿necesitas información sobre esto?"

Modales telefónicos

'Como madre de tres niños en edad de adolescente, no me importa si las niñas llaman a mis hijos, pero me importa cuando no se identifican o llaman por teléfono después de la medianoche.'

Me pregunto por ella qué insiste en que las personas que llaman se identifiquen antes de dejar que hablen con ella hijos. La mayoría de los adolescentes se opondrían a esta invasión de la privacidad. Para llamadas después de la medianoche, hable con sus hijos, explique el problema y luego establezca algunas pautas y consecuencias.

No responsable

'Mi hijo elude ser responsable, nada es su culpa, siempre encuentra a alguien a quien culpar por lo que hace. Sus calificaciones son malas porque tiene un mal maestro. O: no está en el equipo de fútbol porque al entrenador no le gusta ¿Cómo puedo hacerle admitir sus fracasos y dejar de tratar de pasarlos a otros?'

Los padres pueden infundir un sentido de responsabilidad en sus hijos al enseñarles las consecuencias de sus acciones. Por ejemplo: 'Dices que tus calificaciones son malas porque tienes un mal maestro. ¿Cómo puedes decir eso, sabiendo que te has negado a hacer tu tarea? ¿Y el equipo de fútbol? Le dijeron que el si no aumentaba sus calificaciones, ni siquiera podría evaluar por al equipo.'

¿Podrías ser demasiado duro con tu disciplina? Cuando los padres usan medidas disciplinarias severas para los errores, puede haber otros efectos adversos, además de gastar dinero. Esto puede incluir errores de mentir, hacer trampa y esconderse.

Ocasionalmente, los padres deben dar el ejemplo, admitiendo (en presencia de sus hijos) a cometer errores ellos mismos. La admisión de un error ocasional por parte de los padres muestra a sus hijos que trampa y esconder simplemente no es aceptable.

Respetando la privacidad

'Mi hijo me acusa de meterme en sus asuntos, de que quiere más privacidad. Necesito saber qué está pasando en su vida. ¿Cómo puedo hacerle saber que respeto su privacidad, pero necesito cierta información para garantizar su seguridad?'

La obsesión de los adolescentes con la privacidad puede inquietar a los padres. Sus puertas de dormitorio cerradas, sus posesiones escolares cuidadosamente guardadas hacen que muchos padres se sientan rechazados y sus adolescentes no los confíen. El secreto aumenta el temor de que estén ocultando algo.

Los padres deberían tratar a sus hijas e hijos adolescentes como quisieran que los trataran. Esto significa no fisgonear en ellos asuntos, leer correos personales o diarios. Tu confianza en ellos engendra ellos confianza en usted. La única excepción a esto es si ellos realmente sienten que está usando drogas o han robado propiedad. Deben saber que su derecho a la privacidad no incluye el derecho a involucrar a su familia en actividades ilegales.

Tu sientes excluido

'Mi hijo, Derrick, estuvo muy herido el otro día porque dos compañeros de clase que pensó que eran amigos de él se burlaron de él, es muy bueno en la escuela y se burlan de él por ser la" Mascota del Profesor ". ¿Cómo debería lidiar con él? esto sin alienar a sus amigos?'

Su padre lo animó a determinar qué estaba causando el comportamiento de su amigo y le preguntó cómo pensaba que podía resolver el problema. Derrick pensó que estaban avergonzados de él debido a sus buenas notas. Su padre sugirió: *'¿Crees que sentirían un poco de envidia de las calificaciones que obtienes en la escuela? De ser así, ¿crees que podrían querer que las ayudes a obtener mejores notas?'*

Debido a que él y sus amigos compartían un interés en el hockey, el padre sugirió: *'¿Crees que si te unes al equipo de hockey de tus amigos podrías tener más en común?'*

El padre ayudó a resolver el problema y Derrick decidió probar los dos enfoques para ver si podía mejorar la situación. En lugar de tomar represalias o dejar ir a sus amigos, demostró empatía y cooperación, y funcionó.

Perezoso

'Mis hijos tienen una racha perezosa, pero mi marido también lo hace, posponen y esperan que haga sus trabajos.'

Organice una conferencia familiar, luego haga lo que hacen los supervisores en el lugar de trabajo: busque sus botones de acceso rápido y empújelo. Algunos motivadores son:

- Dinero;
- Competencia / desafíos;
- Seguridad (o falta de);
- Mejores condiciones de trabajo;
- El trabajo en sí mismo;
- Beneficios / privilegios adicionales;
- El respeto;
- Premios y, sobre todo;
- Reconocimiento por buen trabajo.

¿Qué funcionará para tu familia? Como último recurso, reduzca las asignaciones de sus hijos y pague al hijo de un vecino para que haga los quehaceres que no han completado. Si eres una madre trabajadora, asegúrate de que tu marido haga lo que le corresponde. Muéstrele el reparto de las responsabilidades entre el sostén de la familia y el cuidado del niño y el hogar que discutimos en el Capítulo 5.

Es posible que tus hijos solo escuchen sobre sus errores. Es normal y necesario para todos, recibir elogios y reconocimiento por el trabajo bien hecho. Es el mejor motivador de todos. Pruébalo y mira si la situación no cambia.

Tenga en cuenta que no es posible motivar a todos, simplemente no puede motivar a otras personas. Comience por explicar exactamente lo que espera de ellos (por escrito si es necesario). Luego, bríndeles muchas oportunidades para mejorar su desempeño. Si se niegan a conformarse, utilice los pasos de retroalimentación que incluyen las consecuencias en caso de que vuelvan a fallar (usted elige qué sucede: disciplina, retiro de privilegios, etc.)

Baja autoestima

'Mi hija se pasea por la casa, diciendo que es un fracaso en todo. Ella tiene pocos amigos, se niega a probar algo nuevo y está empezando a fallar en la escuela. Ella actitud letárgica negativa, comienza a contagiarse al resto de la familia. Hay disputas constantes en la mesa de la cena.'

'Mi hija hace está muy bien lidiando con sus compañeros de clase, pero se convierte en una adolescente tímida, torpe y retrasada cuando interactúa con niños. Nuestro equipo de béisbol irá a otra ciudad en un autobús con chaperón para un juego. Una novia de uno de los jugadores la invitó a acompañar al equipo. Ella se rehúsa diciendo: "¿Qué diría? Probablemente me haga el ridículo. No, no puedo ir". ¿Cómo puedo ayudarla a sentirse más cómoda en situaciones con grupos mixtos?'

'Mi hijo ha experimentado un gran crecimiento acelerado y es aproximadamente cinco pulgadas más alto que sus compañeros de clase. Ellos se burlan de él porque su peso no se ha recuperado y se ve bastante desgarbado y desnutrido, ¿cómo podemos ayudarlo en este momento difícil?'

Los adolescentes ya no buscan la aprobación de sus padres y maestros; buscan la aprobación de su grupo de pares. Las encuestas realizadas en las escuelas secundarias de primer y segundo año revelan que el enfoque principal de los adolescentes en la vida suele ser la relación con sus amigos. La mayoría de los adolescentes sufren de baja autoestima, por al menos una parte de su adolescencia. Para ellos, todos son más populares, de mejor apariencia, se visten mejor o son más inteligentes. Son demasiado altos o cortos, tienen un aspecto prematuro o tardío, tienen acné y otros problemas de la piel, son demasiado pesados, delgados o tontos. Se preguntan cómo van a resultar (una perspectiva aterradora cuando su cuerpo les está haciendo cosas tan inusuales).

Muchos se miran en el espejo, tratando de imaginar el producto terminado y rara vez se les ocurre una respuesta a menos que se parezcan mucho a unos padres. Debido a que la madurez de los adolescentes puede parecer más antigua, la sociedad a menudo los trata como si fueran mayores (cuando no están listos para ese rol).

Muchos padres cometen el grave error de comparar hermanos en una familia que resulta en malos sentimientos para todos los involucrados. Solo porque Jane sea una estudiante 'A', no esperes que Roland lo sea. Dado que Roland está haciendo todo lo posible, eso es todo lo que unos padres pueden esperar. Los padres que no conocen los deportes pueden ignorar por completo el hecho de que Roland es el jugador estrella en el baloncesto de su equipo y, a la luz de este logro, no es de extrañar que Roland esté enojado con su familia. Los únicos que lo aprecian plenamente son sus compañeros de equipo de baloncesto y los que siguen el baloncesto en la escuela.

Como padres, debemos entender cuán importante es ayudar a nuestros niños a saber que tienen derecho a expresar sus deseos y necesidades. Los niños que han desarrollado un fuerte sentido de autoestima en el momento en que asisten al preescolar generalmente se llevan bien con otros niños.

Respeta las fortalezas y habilidades de tus hijos. Elogie los éxitos. Probablemente intentarán negar sus éxitos (porque la mayoría de los adolescentes se sienten avergonzados por este tipo de comentarios que reciben de sus padres). En secreto, están muy contentos con el reconocimiento.

Todos tienen una habilidad especial o dos. Ayude a sus adolescentes a cultivar el suyo e identifique las áreas donde es probable que tengan éxito. Por ejemplo: *'Marge, aprendiste a tocar el piano tan bien que creo que probablemente te iría bien con un teclado electrónico. ¿Te gustaría probar uno para ver cómo te gusta?'*

O, *'Jim, te gusta mucho el baloncesto. ¿Has considerado contactar al YMCA para ver si están buscando entrenadores de baloncesto para el campamento de verano?'*

Perdida del trabajo de los padres

'Soy un padre soltero y perdí mi trabajo recientemente. Mis dos hijos adolescentes están devastados porque tuve que detener todos los extras. Mi hija toma bailes de jazz y tuvimos que cancelar sus lecciones. Mi hijo había planeado ir a la escuela de hockey este verano. Tuve que decirle que simplemente no podía pagarlo y tuvimos que cancelar las vacaciones de verano que planeamos. ¿Cómo podemos superar este momento difícil en nuestras vidas?'

Esta vez, los adolescentes realmente pueden brillar si los alentase. Llamar a una conferencia familiar. Comienza diciendo: *'Como sabes, he perdido mi trabajo. Esto significa que tendremos que prescindir de algunos extras que hemos tenido en el pasado. Aquí hay una lista de ellos.'*

Es probable que genere gemidos y argumentos sobre por qué no puede cancelar. En esta etapa, pregunte, *'¿Qué crees que podemos hacer para mantener estos extras?'* Hágalos parte del proceso de resolución de problemas. Ve a la reunión con varias sugerencias. Es posible que haya oído que un vecino está buscando a alguien para cuidar de sus hijos después de la escuela o que su farmacia local tiene una vacante. Recomiende estas aperturas a sus hijos y anímelos a postularse. De esta manera, pueden asumir la responsabilidad de resolver sus propios problemas financieros.

Si hay un padre ausente en la foto, considere pedir ayuda con las finanzas de su familia durante la crisis.

Él quiere demasiado

'Mi hijo quiere que gaste demasiado dinero en su ropa. No puedo entender la diferencia entre comprar una sudadera por diez dólares y una que

cuesta sesenta dólares (excepto el nombre que aparece en ella). ¿Qué está pasando con los adolescentes? ¿Por qué tienen que ser clones el uno del otro? ¡No puedo pagar sesenta dólares por una sudadera!'

Hay gran competencia en la escena de la adolescencia. Si una persona tiene sudor de diseñador, también lo hacen todos sus amigos. Si ella amigos tienen un teléfono móvil, por supuesto que ella también lo quiere. Esto es parte de crecer.

Los padres que entienden que esta etapa se acerca, deben decidir qué pagar y qué no, antes de hablar con sus hijos. De esta manera, no es probable que los adolescentes confronten a un padre contra el otro. Desaliéntalos para que no te molesten. Sin embargo, escuche cuidadosamente lo que dicen, para no perderse mensajes importantes. Diles lo que estás dispuesto a hacer. Si quieren comprar algo más caro, tendrán que ganar el dinero ellos mismos.

Responda a la acusación: *"Todos pueden hacer esto... tienen que... están haciendo..."* con, *"Estamos hablando de lo que puede hacer, lo que puede tener y lo que está haciendo, no todo else"* Entonces, dígales lo que está dispuesto a hacer o hacer que lo hagan. Dé un buen ejemplo explicando los artículos que quiere, pero no puede pagar, hágales saber que también lamenta lo que quiere, pero que es realista acerca de lo que puede y no puede tener.

Deje que su adolescente lo ayude a resolver problemas. Cuando sientas que no puedes comprar esa sudadera costosa, haz que se unan a ti en una lluvia de ideas sobre cómo podrían obtener el dinero para comprar una. Tener una venta de garaje funcionó para una familia y todos terminaron comprando algo que necesitaban del ingreso. Se creativo: hay soluciones.

Haz que asuma más responsabilidad si quiere más dinero. Es posible que haya dado dinero en el pasado para usarlo por golosinas. Considere aumentar el subsidio, pero espere que cubra ciertos artículos básicos, como camisas y útiles escolares. Dale la cantidad que tú normalmente gastaría, con la condición de que compre lo que necesita y se mantenga dentro del presupuesto.

Aliéntelo a mantener cuentas cuidadosas que lo ayudarán a presupuestar mejor sus fondos. Si ahora está pagando un monto semanal, cambie a un monto mensual cuando ellos tengan 13 o 14 años, lo que los alentará a pensar sobre el futuro y no gastar el monto total durante la primera semana.

Exámenes

'Durante aproximadamente un mes antes de sus exámenes, me preocupo por mi hijo. Él necesita calificaciones altas para calificar para el título

universitario de su elección, pero falló una prueba porque estaba demasiado cansado para pensar con claridad. La próxima semana, él tiene una parte -tiempo de trabajo y tiene informes de laboratorio y de prueba para entrar. Además de esto, su equipo de hockey ha tenido éxito y es probable que vaya a otra ciudad este fin de semana para un torneo. Se queda despierto hasta la mitad de la noche para ponerse al día ¿Cómo puedo ayudarlo a soportar estas intensas presiones?'

Alrededor del momento del examen, muchos adultos jóvenes sufren de dolores de estómago, dolores de cabeza, rigidez en las articulaciones y una sensación general de pánico. Estas son las reacciones típicas de alguien que está bajo tanto estrés que se convierte en angustia. Anime a su hijo a dejar las actividades que realmente no necesita hacer, especialmente durante el examen. Él puede que tenga que renunciar a la diversión de jugar en su torneo de hockey, aunque puede necesitar este tipo de diversificación. Él debería dejar su trabajo a tiempo parcial durante el examen. Debido a los bajos ingresos, es posible que tenga que ayudarlo financieramente.

Él es posible que necesite un tutor u otra persona para estudiar con.

Anime los descansos regulares en estudios haciendo que se una al resto de la familia para un refrigerio y aliento. La relajación mental lo revitalizará él tanto como lo hará el refrigerio y la respiración. Hazle saber que estás allí para ayudarlo de cualquier manera posible. Esté disponible: no dé la impresión de que está demasiado ocupado (el problema con muchas familias con doble ingreso). Muchos estudiantes no molestarán a sus padres cuando perciban que están demasiado ocupados.

Desalentarlo para que no se quede despierto toda la noche para hacer un examen porque está haciendo más daño que bien. Aquellos que están privados de sueño probablemente no recuerden mucho de lo que han estudiado debido a su fatiga. La falta de sueño provoca una mala toma de decisiones y él necesita todas sus habilidades para tomar decisiones mientras escribe los exámenes.

Doble estándar

'Mi hija vino a verme el otro día y me avergonzó con sus comentarios. Ella dijo: "¿Por qué la sociedad todavía tiene un doble estándar? Soy un adolescente de dieciséis años y también tengo deseos sexuales y mi novio me excita. ¿Por qué la sociedad insiste en que se supone que no debo tener sentimientos sexuales?" ¿Cómo debería lidiar con esto?'

Muchos adolescentes se encuentran divididos entre mantenerse fieles a los valores que sus padres les han inculcado y obtener la aceptación de los compañeros al participar de una actividad cuestionable. Mantenerse alejado de los problemas, pero manteniendo amigos, lleva confianza en sí mismo y habilidad.

Los valores de la sociedad no se han mantenido a la altura de la realidad de la vida actual. Durante siglos, la sociedad ha tenido un doble estándar para hombres y mujeres. Las niñas, más que los niños, reciben mensajes mixtos de la sociedad moderna. Por un lado, les dicen que no deben perder el tiempo y por el otro, son atacados por anuncios que dan un mensaje claro de que el sexo allana el camino hacia la felicidad. Los medios inundan a las adolescentes con imágenes de mujeres jóvenes como juguetes sexuales.

Aliéntelo ella a que no se enoje con las creencias de los demás y reconozca que es natural que tenga deseos sexuales. Sin embargo, esto no significa que ella tenga que actuar según esos deseos. Bríndele ella la información que necesita para elegir la ruta que tomará. Ella sola debería tomar la decisión final, no los niños en su vida.

PROBLEMAS CON JÓVENES ADULTOS Y ADOLESCENTES

Ella no está lista para el sexo

La siguiente conversación resalta un problema identificado en uno de mis contactos con seminarios de personas difíciles. Una madre soltera no solo estaba afligida, sino que estaba muy ofendida por una situación que tanto ella como su hija enfrentaban cuando estaban saliendo.

Ella identificó el problema de esta manera: 'Hace un tiempo, noté que mi muy atractiva hija de veintidós años, Barbara, estaba saliendo solo ocasionalmente. Principalmente, ella salió con su mejor amiga, Karen. Por lo general, se unieron a un mixto grupo, pero rara vez las dos mujeres salían solas en una cita.

Le pregunté a Barbara sobre esto y ella admitió que era reacia a salir sola con hombres debido a los problemas que enfrentaba. Explicó que parte de su renuencia era por el terror que su amiga Karen tenía hacia las citas. Dos veces, Karen había sido víctima de violación en una cita, cuando tenía diecisiete años y otra vez dos meses atrás a los veintitrés.

` ¿Cómo sucedió esto? Yo pregunté. Karen le había dicho a Barbara que le habían gustado los dos hombres y que no quería perderlos haciéndolos enojarse con ella por exigir que "No" significara "No". Ella esperaba que la escucharan cuando rechazó sus avances. Desafortunadamente, ambos hombres la empujaron más y más sexualmente hasta que se negaron a detenerse. Karen dijo que se sentía sucia después de que la obligaron a tener relaciones sexuales que no quería. Ella no había presentado cargos y no volvió a ver a los hombres.

Mi hija Bárbara, por otro lado, había insistido varias veces en que "No" significaba "No", y descubrió que esto puso fin a la mayoría de sus relaciones con los hombres. Ella decidió que no valía la pena las molestias, por lo que sale en grupos "

La madre continuó: *'Este fenómeno todavía me sorprende. Soy madre soltera y me he encontrado con el mismo problema, pero con hombres que deberían saberlo mejor. Uno pensaría que a medida que los hombres maduran y sus furiosas hormonas se han disipado, estarán menos inclinados a empujar a una mujer más de lo que ella quiere. Demasiados hombres tienen la opinión equivocada de que lo que les sienta bien a ellos, debe sentirse automáticamente bien para las mujeres.*

He tenido que dejar caer varios de estos 'pulpos' porque simplemente no me escucharon cuando les pedí que dejaran de tocarme sexualmente. Algunos parecían tener un cable invisible que iba desde la boca hasta las manos. Incluso un simple beso de buenas noches resultó en que una o ambas manos aterrizaran automáticamente en mis senos o entrepierna.

Otros comenzaron un avance más serio en la segunda o tercera fecha y actuaron como si hubiera algo malo conmigo, porque no me iba a la cama con ellos. No consideraron que, si me tenía relaciones sexuales con ellos en la tercera cita, probablemente lo haría con todos los hombres con los que salía. ¿Cómo podrían quererme sexualmente (especialmente con el susto de los AID) si siquiera lo hubieran considerado?'

No llame después de una fecha

'Lo que más me molesta es cuando los niños se llevan a mi hija a la noche". Según ella, tienen una primera cita maravillosa y él la deja con el comentario: "Te llamaré el miércoles para que podamos planear algo para el fin de semana". ¡Pero nunca vuelven a llamar! ¿Por qué los niños hacen esto?'

Hice esta pregunta a muchos hombres y me explicaron que es un comentario estándar después de una fecha, ya sea que vuelvan a llamar o no. Si no quieren llamar, les permite eliminar cualquier momento embarazoso.

Este es un comportamiento muy manipulador. Sería mucho mejor si fueran abiertos y directos con sus fechas. Si no creen que volverán a llamar o ver a la mujer, deberían terminar la velada diciendo: *"Gracias por pasar la velada conmigo".* Período.

No, *"Te llamaré,"* o *"Te llamaré durante la semana,"* o *"hagámoslo de nuevo,"* si no lo dicen en serio.

Hijo no puede mantener un trabajo

'Mi hijo no puede mantener un trabajo. Ha probado muchos tipos, pero no puede obtener uno que realmente le guste. ¿Qué debería hacer para ayudarlo?'

Ayúdelo a obtener orientación profesional para descubrir qué tipo de trabajo se adecuaría a sus deseos, necesidades y capacidades. Ayudarán a identificar las habilidades transferibles que él ya tiene y que pueden usarse en otras líneas de trabajo. Por ejemplo: habilidades de programación, experiencia de supervisión, atención al detalle y destreza manual. Él también puede tener que obtener educación o capacitación adicional, pero eventualmente encontrará un puesto que le guste.

La gente se mete en el trabajo equivocado por muchas razones:

- No hizo las preguntas en la entrevista para establecer posibles problemas.
- Impulsivamente toma el primer trabajo que llega y paga más.
- Siga los consejos de los demás en lugar de escuchar propios instintos.
- Debido a que papá era ingeniero, se vuelven uno.
- Supongamos que pueden vivir con un salario inferior al que están acostumbrados.

También podría sugerirle que consulte mi página web para obtener mi propia orientación de servicio de carrera en:

www.dealingwithdifficultpeople.info/Unique-Counselling-Service

Chauvinismo

'¿Por qué los hombres llaman a las mujeres' chicas '? No he sido una niña desde que tenía doce años. ¿Cómo reaccionarían los hombres si las mujeres los llamaran "chicos"?'

'El mejor amigo de mi novio es unos años mayor que él. Él trata a todas las mujeres, incluyéndome a mí, como si fuéramos ciudadanos de segunda clase y siempre chisporrotea con bromas sobre "tontos rubios". Me gustaría devolverlo en uno de estos momentos, pero no sé cómo,'

El chovinismo es el comportamiento que exhiben hombres y mujeres que creen que el mundo debería estar exclusivamente dominado por hombres y que los hombres son superiores a las mujeres. El chauvinismo es uno de los muchos problemas serios que las mujeres todavía enfrentan en el lugar de trabajo.

Hay dos tipos de chovinismo. Algunos hombres ni siquiera son conscientes de que podrían ser identificados como chovinistas. Estos son a menudo hombres mayores o hombres cuya crianza, costumbres o situación hogareña, mantuvieron a las mujeres en puestos tradicionalmente subordinados. Muchos de estos hombres llaman a las mujeres, *"Querida"*, porque son queridas por ellas. Ellos protegen a las mujeres; sienten que es su deber ser los que toman las decisiones y los protectores. Este tipo de hombre chovinista no significa dañar a las mujeres o saber que lo que dicen puede ofenderles. Por lo tanto, es necesaria una respuesta mucho más amable de las mujeres. Dígales cómo se siente y deles la oportunidad de cambiar su comportamiento molesto.

El otro tipo de chauvinismo es evidente (abierto y obvio). Usted sabe que esta persona está tratando de hacer que las mujeres se sientan mal, para mantenerlas en su *"lugar"*. Aquí hay una conversación de muestra:

Él: *'Dales a las mujeres una pulgada y tomarán una milla. Muy pronto no tendremos voz en lo que está sucediendo en el mundo.'*

Ella: *'Bueno, con el 52% de la población siendo mujeres y solo el 48% de los hombres, ¿qué esperas, la misma sociedad paternalista que hemos sufrido durante siglos?'*

Él: *'Ustedes, mujeres, son demasiado agresivos. ¡No eres feliz a menos que estés castrando hombres!'*

Ella: *'Realmente no puedes manejar mujeres asertivas, ¿o sí? ¡Todavía crees que deberíamos '¡Sí, señor' todos tus mandamientos!'*

La mujer recurrió a la defensa de su género. Ella podría haber detenido sus comentarios sarcásticos originales al aferrarse a los hechos y decidir lo que el hombre intentaba decirle. Si ella hubiera hecho esto, la siguiente conversación podría haber tenido lugar:

Él: *'Dales a las mujeres una pulgada y tomarán una milla. Muy pronto no tendremos voz en lo que está sucediendo en el mundo.'*

Ella: *'¿Qué está pasando que te molesta?'*

Él: *'Las mujeres quieren demasiados extras en el lugar de trabajo.'*

Ella: *'¿Qué son estos extras?'*

Él: *'Querer el mismo salario que los hombres es uno.'*

Ella: *'¿Sientes que a las mujeres se les debería pagar menos por el mismo trabajo que a los hombres?'*

Él: *'No realmente. Pero ¿qué pasa con la guardería, por qué es necesario? Demasiadas mujeres trabajan. Deberían estar en casa con sus familias.'*

Ella: *'¿Cuántas mujeres crees que trabajan porque tienen que hacerlo?'*

Él: *'No muchos.'*

Ella: *'Las estadísticas muestran que más de las tres cuartas partes de las madres que trabajan tienen que trabajar porque sus familias no pueden sobrevivir sin ambos ingresos, y más de la mitad de estas mujeres que trabajan son las únicas que obtienen ingresos para sus familias, es una necesidad para la mayoría de las mujeres. ¿Siente que las mujeres deben asumir toda la responsabilidad o los hombres deben hacerse cargo de la mitad de los gastos de cuidado diurno?'*

Puedes ver que la mujer está combatiendo los comentarios chovinistas con hechos, no con emociones y mantiene al hombre en el tema. A medida que avanzaba la conversación, utilizó cada vez menos sarcasmo y terminaron en una discusión en lugar de un debate.

Algunas mujeres no lo admiten, pero tienen actitudes chovinistas propias. Por ejemplo, algunos no aceptarán órdenes de mujeres supervisoras. Sienten (consciente o inconscientemente) que solo los hombres deberían ser supervisores y cuestionar la capacidad de sus supervisoras femeninas.

Mire su idioma, especialmente cuando se dirige a las mujeres en el lugar de trabajo. Los títulos de trabajo y las etiquetas descriptivas se cambian para incluir ambos sexos.

Aquí hay ejemplos de los que ya han sido cambiados:

Solía ser - ha cambiado a:

- Emprendedor: ejecutivo de negocios
- Técnico: representante de servicio
- Repartidor: mensajero
- Capataz: supervisor
- Vendedor: vendedor, representante de ventas o empleado
- Comerciante: técnico, trabajador calificado, trabajador
- Chica: mujer de carrera: doctor, abogado, dentista

Tenemos que vigilar que no vayamos a extremos con esto. Por ejemplo: ¿Qué otro nombre podríamos darle a una tapa de alcantarilla, una tapa de persona?

CONCLUSIÓN

¿Estás listo para tus cónyuges e hijos difíciles?

Te he dado las herramientas que te pueden permitir tratar con miembros de la familia enojados, groseros, impacientes, emocionales, molestos, persistentes y agresivos. Estas habilidades cruciales para las personas le permiten tratar con todo tipo de personas y circunstancias difíciles. Aprenda estas habilidades y no puede evitar mejorar sus relaciones con su cónyuge e hijos.

Tu dominio de las habilidades de las personas te ayudará a controlar tu estado de ánimo y mantenerte fresco cuando estés bajo fuego. Comprenderá por qué hombres y mujeres tienen dificultades para comunicarse y por qué es probable que interpreten las situaciones de manera diferente. Si practicas las técnicas, puedes:

- Dominar su ánimo por mantener el control ante situaciones negativas.
- Elevar su nivel de autoestima porque estás en control de tus emociones.
- Mantener la calma bajo el fuego.
- Dejar de desperdiciar tu preciosa energía en emociones negativas.
- Apague los sentimientos lastimados, culpables o defensiva.
- Parada de sentimientos y acciones encaminadas a la venganza.
- Dar y recibir crítica con más confianza.
- Saber comunicación cómo hombre y mujer son diferentes estilos.
- Usar diferentes habilidades de comunicación tales como: Parafraseando; Retroalimentación; Escuchar y hablar; La importancia de la comunicación no verbal.
- Tratar con llorones y quejumbrosos.
- Tratar con cónyuges difíciles, niños, adolescentes y adultos jóvenes.

Aprende las técnicas y practícalas a diario. ¡Funcionan! Pero al igual que cualquier habilidad nueva, tendrás que usarlas indefectiblemente hasta que se vuelvan espontáneas y automáticas. Si lo hace, puede esperar poder controlar cómo se enfrenta y reacciona con los demás.

Ya no permitirá que otros decidan qué tipo de día tu tiene. Debido a que has ganado este control, tu nivel de autoestima aumentará en consecuencia. Mientras más seguro de sí mismo seas, menos estrés y aprensión sentirás, lo que te dará más energía y entusiasmo. Usa estas habilidades y prepárate para el éxito que inevitablemente seguirá.

Y otras secuelas:

Tratando con gente difícil: tratar con clientes difíciles, gerentes exigentes y colegas no cooperativos

Tratando con frente a situaciones difíciles: en el trabajo y en el hogar

Tratando con parientes difíciles y en las leyes
Tratando con frente a la violencia doméstica y el abuso infantil
Tratando con la intimidación en la escuela
Tratando con frente a la intimidación en el lugar de trabajo
Tratando con frente a la intimidación en aldeas de jubilación

www.ingramcontent.com/pod-product-compliance
Lightning Source LLC
LaVergne TN
LVHW051557070426
835507LV00021B/2617